U0498003

光华札记

Guanghua Zhaji

（第一辑）

主　编　马　骁　曾道荣
副主编　汤火箭　陈　昊

西南财经大学出版社

中国·成都

图书在版编目（CIP）数据

光华札记.第一辑/马骁,曾道荣主编 . —成都:西南财经大学出版社,2018. 10
ISBN 978-7-5504-3726-5

Ⅰ.①光… Ⅱ.①马…②曾… Ⅲ.①读书笔记—中国—现代 Ⅳ.①G792

中国版本图书馆 CIP 数据核字（2018）第 218978 号

光华札记（第一辑）

主 编 马 骁 曾道荣
副主编 汤火箭 陈 昊

责任编辑:李晓嵩
助理编辑:袁 婷
封面设计:张姗姗
责任印制:朱曼丽

出版发行	西南财经大学出版社(四川省成都市光华村街 55 号)
网 址	http://www.bookcj.com
电子邮件	bookcj@ foxmail.com
邮政编码	610074
电 话	028-87353785 87352368
照 排	四川胜翔数码印务设计有限公司
印 刷	四川五洲彩印有限责任公司
成品尺寸	165mm×230mm
印 张	16. 25
字 数	214 千字
版 次	2018 年 10 月第 1 版
印 次	2018 年 10 月第 1 次印刷
书 号	ISBN 978-7-5504-3726-5
定 价	96. 00 元

序
在阅读经典中绽放青春芳华

"经典"是人类文化的结晶，是最美好的精神食粮。人类文明的成果，就是通过对经典的阅读而代代相传的。宋朝诗人黄山谷有一句名言：三日不读书，便觉语言无味，面目可憎。钱锺书先生也说过：如果不读书，行万里路，也只是个邮差。阅读经典是一场与大师的对话，也是"能让你悄悄成为你自己"的修行；是获取知识、陶冶情操、提升修养的过程，也是一种理解、领悟、吸收、鉴赏、评价和探究的极佳的思维训练方式。《尚书》中"民惟邦本，本固邦宁"的治国之道，《孟子》"穷则独善其身，达则兼济天下"的情怀志向，《战争与和平》的深沉思考，《老人与海》的勇气与力量……品读经典，能让人拥有广博的知识、宽广的胸怀、崇高的信念和坚强的意志。

然而，曾几何时，数字化时代的阅读逐渐变得碎片化和快餐化，深度阅读正在消失，阅读经典显得弥足珍贵。陈宝生部长在新时代全国高等学校本科教育工作会议上强调，要推进本科教育"回归常识"。作为"四个回归"中的一个重要方面，回归常识就是学生要刻苦读书，认真学习。青年学生的第一任务就是读书学习。高校要引导学生读"国情"书、"基层"书、"群众"书，读马列经典、优秀传统文化经典、中外传世经典和专业经典。阅读让青年学生更好地做到正确认识时代责任和历史使命，正确认识世界和中国发展大势，正确认识中国特色和国际比较，正确认识远大抱负和脚踏实地，更好地面向实际、深入实践，以知促行、以行求知。

习近平总书记素有"书迷"之称，从经史子集到马列经典，从唐诗宋词到中外文学名著，从汤显祖到莎士比亚……近年来在多个场合中，习近平总书记提到了 100 多本经典著作，为我们开出了一张融汇古今智慧、极具时代价值的书单，为我们读好书提供了一份阅读指南。他在多种场合勉励党员干部和广大青年要将读书作为增强本领、提高修为、担当大任的重要途径。高校回归常识，就是要按照习总书记指出的，引导学生求真学问、练真本领，成为有理想、有学问、有才干的实干家，更好地为国、为民服务。

书香沁人，笔墨流芳。近年来，西南财经大学不断深化人才培养模式改革，成立"名著阅读工作领导小组"，出台《名著阅读工程实施办法》，大力推动"名著阅读"工程建设，引导学生阅读经典，培养学生良好的阅读习惯，提升学生的人文素养，促进学生在学识文化、道德伦理、人格气质等方面全面发展，并取得显著成效。

在推进"名著阅读"工程中，学校教务处指导成立了光华读书社。读书社秉持"以文会友，以友辅仁"的精神，开展"'四方馆'主题分享会""阅读漂流日记""朗读人"等阅读活动。同学们捧卷而来，意气风发，侃侃而谈，或倡导传承中国传统文化精神，或剖析中国社会的昨天与今天，或探寻世界优秀文化成果，或分享学习习近平总书记七年知青岁月的故事。到目前为止，读书社已成功举办两届读书笔记大赛，并最终选出40 余篇作品集结出版，命名为《光华札记》，定为第一辑，涵盖"文学篇""经济篇""历史哲学篇""社会政法篇"四篇。文学篇中，同学们徜徉山水之间，"顿觉岁月缝花，怦然悸动，忽如重历一遍往常，见自己，见天地，见众生"；经济篇中，同学们探求金融的逻辑，去理解"金融的核心是跨时间、跨空间的价值交换"；历史哲学篇中，同学们回到那个群星闪耀的万历十五年，"从细枝末节处再来推断那山雨欲来风满楼的前兆，以今人的角度思考和评判万历年间发生的或传奇、或荒诞、或悲剧的历史故事"；社会政法篇中，同学们跟随林达的步伐，走向历史深处的忧虑，"怀着朝圣者般的心境，准备窥探作者犀利的见解"……

博尔赫斯说过：如果世界上有天堂，那它一定是图书馆的模样。如今知悉《光华札记（第一辑）》出版，不由欣喜且欣慰。相信《光华札记》系列图书的出版能成为引导广大青年学生爱国、励志、求真、力行的一种积极探索，成为西财青年学子通过阅读经典而创造出自己的"经典"的有益尝试，成为学校建设世界一流学科、迎接百年华诞的一份厚礼。

是为序。

赵海武　卓志

2018 年 6 月

目 录

文学篇

经济篇

社会政法篇

文学篇

自我救赎之路的矛盾冲突

——读《追风筝的人》有感

文/郑奕

　　每个人的心里，都有一个隐秘的恶魔。有时为了保护自己，我们不得不唤醒它以寻求帮助。没有人愿意承认它的存在，可静夜里，良心未泯的人会听见它沉重的呼吸。

　　对于这个恶魔的所作所为，一类人选择逃避、隐瞒甚至欺骗。他们拒绝为其造成的恶果买单，害怕认错带来的痛苦，担忧污点抹去了荣誉，希望贪婪的时间吞噬所有的细节。另一类人逃不过良心的谴责，往事如毒蛇缠身，日渐强烈的负罪感使其窒息，而完成自我救赎，是其解脱的唯一方法。韩玉群教授说："救赎，是找回自己，重新站在日光之下的意义。我们寻找我们曾经放弃的一切，恰恰都是我们不得不将去寻找的。"然而自我救赎之路曲折坎坷，是一个充满矛盾的过程。许多经历第二次世界大战归来的士兵，终身都背负着巨大的负罪感而无法解脱。

　　小说《追风筝的人》以第一人称叙述了一个阿富汗少年阿米尔的自我救赎之路。在这条路上，有塔利班火箭弹下的残酷，也有阿富汗受难者间的温情，在美丽与苦难的交织中激荡着善与恶的潜流，而潜流之中奔腾着人性的激情。

从背叛到面对，再从面对到救赎，这条自我救赎之路，阿米尔走了整整20年。

背叛——隐秘的恶魔

小说的第一句就是"我成为今天的我，是在1975年某个阴云密布的寒冷冬日，那年我十二岁。我清楚地记得当时自己趴在一堵坍塌的泥墙后面，窥视着那条小巷，旁边是结冰的小溪"。主人公阿米尔的父亲是阿富汗喀布尔的一名富有、慷慨、有社会地位的商人，阿米尔从小与家里仆人的儿子哈桑一起长大。哈桑勇敢忠诚，而阿米尔懦弱胆怯。当别的孩子欺负阿米尔时，哈桑总是挡在最前面。尽管两人友谊深厚，但是出于人性的自私，阿米尔在内心深处嫉妒着父亲对哈桑的偏爱。在一次风筝大会上，阿米尔击败了所有的对手，就等哈桑把最后的风筝追回就可以让父亲为自己感到骄傲了。为了保全那只风筝，哈桑被坏孩子阿塞夫在小巷中强暴，这时的阿米尔却躲在泥墙后面窥视而不制止。出于懦弱自保，出于私欲嫉妒，那个隐秘的恶魔做出了选择："为了赢回爸爸，也许哈桑只是必须付出的代价，是我必须宰割的羔羊……他只是个哈扎拉人，不是吗？"哈桑用忠诚坚守着友谊，阿米尔却选择了逃避和背叛。在恶魔隐去后，阿米尔产生了强烈的负罪感。极度的痛苦源于其对哈桑的忠诚与牺牲感到愧怍，这为阿米尔在自我救赎之路上的矛盾埋下了伏笔。

纯粹的恶并不让人痛苦，真正的痛苦源于善与恶的冲突。因为爱，哈桑做出了阿米尔无法承受的牺牲。阿米尔无法原谅自己，更无法面对哈桑。为了获得解脱，阿米尔选择了更残酷的方式：他诬陷哈桑偷了他的手表和一些钱，让哈桑在自己的生活中消失。"那是我想要的，要继续生活，要遗忘，要将过去一笔勾销，从头来过。我想要能重新呼吸。"哈桑走了。 但过去是无法一笔勾销的。"许多年过去了，人们说陈年旧事可以被埋葬，然而我终于明白这是错的，因为往事会自行爬上来。 回首前尘，我意识到在过去二十六年里，自己始终在窥视着那荒芜的小径。"

背叛成了阿米尔心灵的枷锁，而枷锁背后，是那个面目狰狞的隐秘恶魔。

面对——撕裂的伤口

在哈桑被赶走之后，苏联入侵阿富汗，阿米尔逃往美国，开始了新的生活。 在美国的日子，一切都很顺利，可阿米尔却一直承受着灵魂的拷问。 夜晚，那个隐秘的恶魔发出沉重的呼吸，使阿米尔难以入睡。 阿米尔意识到，逃避只会让伤口溃烂于心，他必须得面对那个隐秘的恶魔。 这是阿米尔实现自我救赎的必经之路，也是其自我救赎的矛盾的集中体现。

这是因为，自我救赎的前提是接受和面对既定的事实。 面对心中隐秘的恶魔，就是经历一种自我否定、自我割舍，再自我修复的疗愈过程。 其中最困难的一件事就是接纳自己，接纳曾经不堪的自己，把隐藏的伤口撕裂开。 而阿米尔需要接受的沉重的事实是：他的背叛不仅源自心中隐秘的恶魔，还源于他与哈桑之间的爱。 这让他陷入一种难以调和的矛盾之中：留下哈桑，自己无颜以对；赶走哈桑，自己良心不忍。 出于爱而产生的背叛，使阿米尔的自我否定的过程充满了矛盾，也变得痛苦不堪。

自我救赎的另一个矛盾还在于，救赎的过程需要对犯错动机进行剖析和解释。 对犯错动机进行剖析就是勇于面对隐秘的恶魔，把人性中潜藏的怯懦、虚伪、嫉妒、矫情、邪恶、自私暴露出来。 而解释就是找出适当的理由。 一个人原谅别人，可以为其动机找到适当的理由，但原谅自己却不行，因为自己最清楚自己做某事的动机、行动的过程和行动的结果。 阿米尔十分清楚自己背叛哈桑的动机：逼走哈桑是他当时慰藉自己的一种方式（暂且不谈其阴暗面），即通过逃避来获得新生。他希望洗刷罪恶。他单纯地以为只要哈桑不再出现在他的眼前，罪恶感就会减轻，并想要以此方式埋葬过去。在逼走哈桑后不久，苏联入侵阿富汗，阿米尔和父亲流亡美国。在此过程中他克服了流亡生活的种种困难，努力成为像父亲一样的"男子汉"，想象着"美国是个埋葬往事的地方"。但其内心深处的道义感使得他在背叛哈桑之后经受着无法消除的煎熬。在对动机的合理解释上面，他无法说服自己，无法给自己一个被原谅的理由。他明白自己"永远做不回一个好人"。原谅外界，只需要足够的宽容、足够的仁爱，但是原谅自己，却无法通过宽容和仁爱来实现。原谅自己究竟是自我救赎还是自我开脱？即使阿米尔能够接受不堪的自己，也难以走出第二步。因为一旦为自己找到"合理的解释"，就与第一步的自我否定产生了矛盾，从而无法实现自我救赎的全过程，这又是一个巨大的矛盾。

救赎——追回的风筝

故事的转折点出现在阿米尔收到父亲的好友拉辛汗的来信之时。拉辛汗揭露了哈桑身世的真相——哈桑与阿米尔竟然是同父异母的兄弟，这让阿米尔如坠深渊。父亲多年来伟岸的形象顿时坍塌，但与此同时，这也为阿米尔指明了一条"自救"的道路——回到硝烟弥漫的阿富汗，从塔利班手中救出哈桑的儿子索拉博。这一次他没有逃避，而是"像个男人一样挺身而出，勇敢地迎接阿塞夫的不锈钢拳套，为了心中的哈桑。也为救赎曾经的罪过"。拉辛汗告诉阿米尔，其实他知道全部的内情，知道阿米尔没有为哈桑挺身而出并且陷害、逼迫哈桑离开的全部故事，告诉阿米尔"回去吧，那里有一条重新做回好人的路"。阿米尔意识到心灵上的折磨远远甚于肉体上的痛苦。

"我很高兴终于有人识破我的真面目，我装得太累了。"当阿米尔被阿塞夫打得肋骨断裂、上唇撕裂时，他却大笑不止。"好笑的是，自1975年冬天以来，我第一次感到心安理得。我大笑，因为我知道，在我大脑深处某个隐蔽的角落，我甚至一直在期待这样的事情。……终于痊愈了，我大笑。"

阿米尔以这样的方式对过去进行赎罪，寻求心灵上的救赎。并且阿米尔意识到，那个曾与黑熊搏斗、敢于直面苏联士兵枪口的父亲，竟然也因为怯懦而不敢与哈桑相认。然而，冒死救出索拉博并不意味着阿米尔完成了自我救赎。索拉博的心灵受到了巨大的创伤，他不与任何人说话，并且其身份很快引起了旁人的议论。比起死亡，让阿米尔父亲更恐惧的是名分。在正视自己的罪孽后，阿米尔决心面对父亲所不敢面对的事实。回到美国后，阿米尔肩负起了抚养索拉博的责任。当阿米尔的岳父（曾经是位高权重的阿富汗将军）在餐桌上质问那个睡在沙发上的哈扎拉男孩是谁时，要如何应对邻居们的议论时，阿米尔平静地回答："我爸爸睡了他仆人的老婆。她给他生了个儿子，名字叫作哈桑。现在哈桑死掉了，睡在沙发上的那个男孩是哈桑的儿子。他是我的侄儿。……还有，将军大人，以后我在场的时候，请你永远不要叫他'哈扎拉男孩'。他有名字，他的名字叫索拉博。"

阿米尔为自我封闭的索拉博投入了不顾世人眼光的、无限且纯粹的爱。索拉博是一个救赎体，在被救赎的同时，也帮助阿米尔完成了自我救赎。终于有一天，在公园放风筝时，阿米尔与索拉博合作击败了一只风筝。

"'你想要我追那只风筝给你吗？'他的喉结吞咽着上下蠕动。风掠起他的头发。我想我看到他点头。

"'为你，千千万万遍。'我听见自己说。然后我转过身，我追。

"它只是一个微笑，没有别的了。它没有让所有事情恢复正常。它没有让任何事情恢复正常。只是一个微笑，一件小小的事情，像是树林中的一片叶子，在惊鸟的飞起中晃动着。但我会迎接它，张开双臂。因为每逢春天到来，它总是每次融化一片雪花；而也许我刚刚看到的，正是第一片雪花的融化。

　　"我追。一个成年人在一群尖叫的孩子中奔跑。但我不在乎。我追，风拂过我的脸庞，我唇上挂着一个像潘杰希尔峡谷那样大大的微笑。

　　"我追。"

　　如果说冒死回到阿富汗，从恐怖分子手中救回索拉博是阿米尔直面过去的不堪，洗刷曾经的罪孽，那么不畏世人的非议而抚养、照顾索拉博，并拯救索拉博的灵魂，对阿米尔而言，则是一次精神上的洗礼。意识到自己无法被原谅时，阿米尔选择渡人以自渡。人生回转，那一年，哈桑激动地为阿米尔追风筝，现在却是阿米尔在为露出了微笑的索拉博追风筝。此时与彼时，他们都是纯粹的、追风筝的人了。

长夜明灯：记黑暗中前行的那一艘孤帆

——读《夜航船》有感

文/王梓竞

我比较喜欢阅读一些古今中外的文学作品，让自己沉醉在古今大家的文字中，一杯清茶，一本书，赖以度日，无尽惬意。上初一那年，因为阅读了当时风靡一时的当年明月的《明朝的那些事儿》，我了解了明朝近300年的历史，并慢慢地爱上了明朝，爱上了这个中国历史上最后一个汉人王朝。也是从那个时候起，我开始对明朝的文学作品产生了强烈的兴趣。初高中几年的时间里，我也涉猎了一些明朝的文学作品。从四大名著中的《三国演义》《水浒传》，到明朝开国谋臣刘伯温的《郁离子》《卖柑者言》，再到一代圣人王阳明的《传习录》与《瘗旅文》，我都曾有幸拜读过。可能是学识尚浅，阅历不足，很多文章我都未能领会其中精妙。在这些文学作品中，除了读了五六次的《三国演义》与《水浒传》外，让我印象最深刻、阅读次数最多的，也是对我影响最大的，就要数明末大家张岱的《夜航船》一书了。

说来惭愧，我喜欢上张岱的文学作品是在高中，但其实我早在初中就已开始接触他的作品了。初中语文课本中的《湖心亭看雪》一文就出自张岱先生笔下。当时，我觉得这篇文章读起来颇为有趣，也很有情调，尤其是文中第一段最后一句"湖上影子，唯长堤一痕、湖心亭一点，与余舟一芥、舟中人两三粒而已"，给了我一种苍茫缥缈的阅读体验，让我顿时有一种"鸢飞戾天者，望峰息心，经纶世务者，窥谷忘反"的感觉。但是，对于这篇文章的作者，我一概不知，更不用说他的其他作品了。我第二次接触张岱先生的作品，是在高二语文的选修课本中，读了他的一篇文章《陶庵梦忆序》。时至今日，我都还记得其中给我留下很深印象的一段话，"卢生遗表，犹思摹榻二王，以流传后世。则其名根一点，坚固如佛家舍利，劫火猛烈，犹烧之不失也"。此文风格与《湖心亭看雪》相似，但是在整体思想上却有所不同。也就是在这个时候，我通过文中注释初步了解了张岱这个人。后又经过上网搜索相关资料，对于张岱先生，我有了更深刻的认识。我承认，他是一个值得我尊敬和推崇的伟大的人物！

我认为，文品突显人品，甚至人品高于文品，因此，我是不愿意去阅读一些品行不端的"作家"的"大作"的。我选择阅读的作品，其作者必然是值得我推崇和欣赏的。如我遇见了一位特别钟爱的作家，我也是愿意去拜读完他的全部作品的。正是我了解了张岱先生的生平事迹，我才会如此钟爱他的文字，我相信自己可以在他的作品中领会到他那不屈的、高傲的灵魂！

张岱，字宗子，号陶庵，明末清初文学家，生于官宦世家、书香门第，少有文才，工于书画，有名士气度，纨绔前半生，享尽人间乐事。清兵入关之后，国破家亡，张岱颠沛流离，家产尽失，三万余卷书毁于一旦。张岱不愿仕清，坚守气节，于50岁之年披发入山，隐居山林，自给自足，专心修书，并于82岁逝世，有《陶庵梦忆》《西湖梦寻》《夜航船》《琅嬛文集》《石匮书》等著作。

《陶庵梦忆》和《西湖梦寻》我都读过。如果说在张岱后期的文学作品中，《陶庵梦忆》和《西湖梦寻》更多的是其借对过去美好生活的回忆，来表达自己国破家亡的愁绪，并表现自己绝不仕清的民族气节和文人固有的高尚的品德，那么相比之下，《夜航船》就纯粹了许多。 在《夜航船》中，没有国仇，没有家恨，没有无奈，没有悔恨，有的，只是完全客观的描述和纯粹的文字。 文字的影响，至浅，又是如此至深，才会让我时不时地回忆起那盏黑夜中的明灯，那暗河里孤独前行的一叶扁舟。

我想说的就是《夜航船》。

不同于通常的文学作品，《夜航船》的体裁并非散文、诗歌，也非小说、随笔，而是一部中国传统文化的百科全书，是对中国古代文化中各种名词、名物、事件的解释和考究。 换言之，这是一部百科类图书。 该书从三教九流到神仙鬼怪，从政治人事到典章沿革等，共讲述了20个大类125个小类的学科知识，共 4 000 余个条目。《夜航船》涉及天文、地理、文学、礼乐等方面的知识，上至皇家礼仪，下到百姓日常，书中都有提及。 书中每一个小知识都短小精悍，且通俗易懂，能让读者在轻松愉快的阅读过程中，收获各个领域的知识，拓宽自己的视野，丰富自己的见识，同时能够让读者领略到不同于教科书式描写的刻板的古代生活。

《夜航船》全书篇幅不长，加之内容生动有趣，通读一遍也不需要太多的时间。 阅读一遍之后，给我留下最深刻印象的是第三卷《人物部》、第八卷《文学部》以及第十八卷《荒唐部》。

《人物部》

《夜航船》中的《人物部》，主要通过碎片化的小段落介绍了历朝历代的皇帝们及他们的后妃、太子、公主，皇家的仪制，各个朝代的名臣的事迹，以及奸佞的昭著恶行，并在最后附上了一个明代奸佞大臣的名录。

一般来说，涉及帝王将相的书都会通过一些小事反映出明君的圣明、仁慈、果断，中庸皇帝的无能、犹豫不决，以及昏君的残暴、好色、穷兵黩武和丑闻轶事。 这是大多数涉史书籍都会采用的叙述方式，只是其他现代的书籍大多只会着重提及普通读者群体所熟知的那些皇帝，雄才大略的君主不过秦皇汉武、唐宗宋祖，而无道的独夫不过夏桀、商纣、隋炀帝等历史教材中的常客。 与之相比，《夜航船》可谓另辟蹊径，同时也极大地开阔了我们的视野。 秦皇汉武、唐宗宋祖，张岱先生也提及了的；夏桀、商纣、隋炀帝，自然也没有被忽略。 但是，《夜航船》没有揪着这几个知名的帝王不放，而是更多地提及了一些不是很为人们熟知的君主。 例如，对于唐代的文宗、穆宗、僖宗和德宗等不是很为人熟知的皇帝，在《夜航船》中，作者也通过生动的描写，让他们的形象跃然纸上，或好或坏，都能使读者大致了解他们的性格以及功过。

而张岱先生对于后妃、太子、公主的描写，则丰富了我们对于皇室家庭的认知。 若站在一个最为简单的角度，我们总会把皇帝想象成一个高高在上、不同于芸芸众生的人，事实上，高高在上是不假，但是同时他们也和我们普通人一样，有着自己的家庭，而组成他的家庭的人，就是他的后妃、太子、公主等人。 通过对皇帝家庭生活的了解，我们得以抛开皇帝天子光环下的神性，仔细观察他们身上的人性的一面。 皇帝也是人，也有着人的七情六欲、喜怒哀乐，只是他们若懂得节制就可能成为明主，而太过放纵就可能成为昏君。 这样对于皇帝的深刻的解析，也是《人物部》最能够吸引我的地方。

而书中对大臣或忠或奸的描写刻画，让我得以看见一副副充斥着正与邪的面孔。 忠臣，为国效力，为君尽忠，当受后世人的敬仰；奸邪，祸国殃民，将天下弄得民不聊生，只配受到人们千秋万世的唾弃与责骂！ 同是为官之人，食君之禄，为君分忧，有的人能够做到以天下社稷为己任，先天下之忧而忧，后天下之乐而乐，替民请愿；有的人却欺上瞒下，搜刮民脂民膏，不顾天下百姓的死活，甚至卖国求荣，背弃了自己的民族和国家。 前者如魏征、范仲淹，当永享后世香火；后者如杨国忠、张邦昌，应永远地被钉在历史的耻辱柱上！青山有幸埋忠骨，白铁无辜铸佞臣，不由得让后人唏嘘。

在《人物部》的最后，张岱先生附上了一个本朝奸臣名录。从洪武年间的胡惟庸、蓝玉，到天启年间的三大权监，名录中都有提及。

"明代奸臣：明洪武朝，胡惟庸、蓝玉；永乐朝，纪纲；正统朝，王振；天顺朝，石亨、石彪、曹吉祥、门达；成化朝，汪直、王越、陈钺、戴缙，成化朝李孜省；弘治朝，李广、杨鹏；正德朝，刘瑾、陆完、江彬、许泰、刘晖、钱宁、张忠、朱泰；嘉靖朝，陶仲文、严嵩、严世蕃、丁汝夔、赵文华、鄢懋卿、罗龙文、仇鸾、陆炳；万历朝，庞保、刘戍；天启朝，魏忠贤、客氏、崔呈秀、田尔耕；崇祯朝，周延儒、袁崇焕、杜勋、马士英。"

对于这个名单总体上我并没有异议，只是，里面出现了一个不该出现的名字，即崇祯朝的袁崇焕。我一直认为袁督师不是所谓的"卖国贼"，反之，他是大明王朝最后的栋梁。崇祯皇帝下令诛杀袁崇焕，或是因为反间，或是因为猜忌，但是，创造了炮毙努尔哈赤战绩的袁督师，绝不可能是一个背叛民族和祖国的人！他的死，是大明王朝自毁长城的愚蠢行径。不过，张岱先生著此书时，受到当时主流社会舆论的引导，会把袁崇焕误认为是奸臣也是可以理解的。不过，我相信，公道自在人心，民族英雄始终是英雄，历史会证明一切，袁督师的英名，会在历史的长河中永垂不朽！

《文学部》

《文学部》首先解释了一些基本的传统文学概念，如"五福""六极""三坟五典""九丘八索"等。

"五福：一曰寿，二曰富，三曰康宁，四曰攸好德，五曰考终命。

"六极：一曰凶短折，二曰疾，三曰忧，四曰贫，五曰恶，六曰弱。

"九丘八索：九州之志曰《九丘》，八卦之说曰《八索》。"

这些各种文学史籍的统称，有的有一些印象，似乎在哪里看过，有的却闻所未闻。如前面提到的"三坟五典"，初看之下还以为与风水祭祀相关，但是当我看了原文的释义之后，恍然大悟，并且深深地为自己的无知感到惭愧。

"三坟五典：三皇之书曰《三坟》，五帝之书曰《五典》。《抱朴子》云：《五典》为笙簧，《三坟》为金玉。少昊、颛顼、高辛、唐、虞之书谓之《五典》。坟，大也。三坟者，山坟、气坟、形坟也。山坟，言君臣、民物、阴阳、兵象。气坟，言归藏、发动、长育、生杀。形坟，言天地，日月、山川、云气，即伏羲、神农、黄帝之书。"

"三坟五典"，其实指的是三皇五帝所著的典籍！可笑之余，我也暗自庆幸自己看了这本书，光是开阔眼界，增长见识这一点，已经让我受益匪浅，提高了自己的国学修养和文学常识。

除了对一些文学概念进行了解释外，《文学部》里还记录了很多文人墨客的轶事趣闻，让我们看到了古时候的文人墨客、迁客骚人笔端的风花雪月，让我们感受到了来自他们作品之外的他们自身作为文人的温度与风采，让我们能通过一个个小段落与他们共感受、同呼吸，乐他们之所乐，悲他们之所悲，仿佛自己就置身于他们所在的那个环境，他们所在的那个年代。在这些段落里面，我对其中两个的印象最为深刻：压倒元白与风送滕王阁。

"压倒元白：唐宝历中，杨嗣复大宴，元稹、白居易亦与赋诗，惟杨汝士后成，最佳，元、白叹服。汝士醉归，语其子弟曰：'我今日压倒元白！'"

唐代宝历年间，吏部尚书杨嗣复大宴宾客，到场的文人纷纷作诗奉上，白居易、元稹二人也参与其中。杨汝士最后成诗，但他的作品被在场的客人们评选为最佳之作。杨汝士宴罢归家，对家中子弟笑言："我今天超过了元、白二人！"论在历史上的名气和文学上的造诣，杨汝士肯定比不上元稹、白居易二人，但是，一次献诗压过二人，竟让杨汝士如此高兴，甚至"语其子弟"，这不正反映了杨汝士内心对元稹、白居易二位大家的推崇吗？而且，他毫不掩饰，甚至带有一点自豪地说出其"压倒元白"，不正反映了他作为文人的单纯和直爽吗？

"风送滕王阁：都督阎伯屿修滕王阁，落成设宴，属婿吴子章预作《滕王阁赋》，出以夸客。王勃自马当顺风行七百余里，至南昌与宴。及逊作赋，受笔札而不辞。都督大怒，命吏伺其落句即报。至'落霞秋水'句，都督曰：'此天才也！'命其婿辍笔。"

都督阎伯屿修缮滕王阁，落成之后设宴招待宾客，并嘱咐自己的女婿吴子章作一篇《滕王阁赋》，以向在场宾客炫耀一番。王勃从马当（今马垱）出发，坐船顺风而下七百余里（1 里等于 500 米，下同）来到南昌赴宴。当主人客套地让他作赋时，他竟然不谦逊推辞，直接提笔而就。都督十分生气，让手下的小吏将王勃的《滕王阁序》的章句一句一句地告诉自己。当小吏说到"落霞与孤鹜齐飞，秋水共长天一色"一句时，都督感叹道："这是个天才啊！"随即让自己的女婿停笔。这个段落虽短，却反映出了王勃的才华横溢和高傲不羁，以及都督阎伯屿的爱才、惜才、重才之心，他并非不识珠玉、小肚鸡肠之人。

《荒唐部》

《荒唐部》这一卷，主要记载了发生在古人身上的各种鬼神怪异之事。如果从科学的角度来看待这些描写，我们会质疑其真实性。但是，如果我们能够发现这些看似荒诞的描写背后所蕴含的东西，也就是作者希望告诉我们的东西，我们会发现，《荒诞部》也只是看似荒诞，在其背后，实则蕴含着大智慧。许多富含哲理的思想，恰恰就渗透在这些看似荒诞的字句当中。

在众多鬼神描写当中，有几个小段落是我认为切合现实状况的，有着托物言志，托荒诞描写言现世之志的意思：

"杜默哭项王：和州士人杜默，累举不成名，性英俛不羁。因过乌江，谒项王庙。时正被酒沾醉，径升神座，据王颈，抱其首而大恸曰：'天下事有相亏者，英雄如大王而不得天下，文章如杜默而不得一官！'语毕，又大恸，泪如迸泉。庙祝畏其获罪，扶掖以出，秉烛检视神像，亦泪下如珠，拭不干。"

一个是失意的落榜举人，一个是叱咤风云、自刎于乌江的项王，在这个故事里面，两人竟然产生了共鸣。在乌江旁的项王庙中，杜默醉后抱着项王的塑像大哭，感叹项羽英雄盖世而不得天下，自己文采出众而难以入仕，既怜惜自己，也怜惜成王败寇、输给刘邦的项羽。而项王的塑像似乎也有了感应，产生了共鸣。第二天，看守庙宇的人发现，塑像也落下了眼泪，且久拭不干，仿佛是在同知己述说自己的不甘。英雄惜英雄，同是天涯沦落人，二人相隔千年仍然产生了共鸣，相互诉说着自己的不甘，让作为读者的我们，既为他们的不得志感到不值和遗憾，替他们感到惋惜，也深深地明白了"成王败寇"这个世间真理的残酷性。如果不能成功，再伟大的英雄，也只能是失意的英雄。

"告大风：宋陈尧佐尝泊舟于三山矶下，有老叟曰：'来日午大风，宜避。'至期，行舟皆覆，尧佐独免。又见前叟曰：'某江之游奕将也，以公他日贤相，故来告尔。'"

宋代的贤相陈尧佐出仕前，曾经泊船于三山矶下，因为听信了一名老者的劝告，第二天没有出行，结果侥幸躲过一劫，避免了被大风弄得船翻人亡的结局。后来，他再次见到了那名老者，原来，这位老叟不是他人，而是当地的河神，因为不忍心陈尧佐这位将来的贤臣命折于此，所以出手相救。 读到这里，我相信有德行的人自然会得到天佑，即使神明是不存在的，上天也会在冥冥之中眷顾那些行善有德之人。 这也劝导我们要行善崇德，为人光明磊落。 得道者，天助之！

"鬼之董狐：晋干宝尝病气绝，积日不冷。 后遂悟，见天地间鬼神事如梦觉，不自知死。 遂撰古今神祇灵异人物变化，名为《搜神记》，以示刘惔。 惔曰：'卿可谓鬼之董狐。'"

这个故事引出了中国历史上在志怪小说的写作上造诣极高的、《搜神记》的作者干宝。 据传说，干宝是在气绝身亡之后悟得天地间的鬼神之事，遂而复活，并将自己的所感所悟编撰成书，名为《搜神记》，干宝也因此获得了"鬼之董狐"的称号。 这个故事明显具有浪漫主义和幻想主义的色彩，也许是后人惊叹于干宝的想象力和才华，才做此假设，也或许是后世的怀疑论者们为了给自己一个答案，解释干宝《搜神记》的成因，才编造了这个说法。 不管怎样，这个故事所反映的前因后果，是十分有趣的。

其他部分

除了令我印象最深的《人物部》《文学部》和《荒诞部》之外，《夜航船》中的其他部分也给我留下了深刻的印象。 阅读不同的部分，能了解到不同的风格、不同的内容，所获得的感悟和心得自然也有所不同。

第一卷《天文部》和第二卷《地理部》，讲述了明朝人在当时的认知水平下的天文、地理知识。 虽然按照现在的科学水准来看，其中有许多内容明显荒谬不实，但是也有很多写实的记载之处，这是十分可取的地方。而且，即便把这两个部分当作趣闻轶事来看待，权当拓展见识，也是十分有意义的。 第六卷《选举部》则通过一个个小段落介绍了古时候关于官员选拔的方方面面的内容，相对详细地向我们介绍了关于选举的一整套制度以及该制度背后所反映的社会百态。

第九卷《礼乐部》则介绍了我国古时候的礼乐制度。 这些制度和规定对于生活在"礼崩乐坏"的现代的我而言，是有些陌生的，但是光透过文字，我也能看清在字句当中所蕴含的那套礼乐制度的威严与神圣感。 现在，那套森严的等级制度，不可僭越的君权，以及社会中方方面面的礼乐制度的消逝，仔细思之，不由得感慨万千。 第十六卷《植物部》，可谓是《夜航船》一书中较为实用和贴近我们现实生活的一卷，里面详细介绍了多种植物的形态、习性以及价值等，虽然过去了数百年，但对于我们现代人加深对植物的了解而言，还是很有实用性和参考价值的。

最后一卷，也就是第二十卷《方术部》，是我认为全书中最为荒诞的一卷，即使与名为"荒诞"的《荒诞部》相比，也是有过之而无不及的。《方术部》里面详细介绍了一些咒语和法术的施法过程，在今天看来，里面大多数内容都是不科学和没有任何根据的，姑且只能将其当作明朝百姓的一种信仰或迷信吧！

总的来说，《夜航船》虽然意蕴高远，但绝不是晦涩难懂的古书。 作者用浅白的文言文讲述了 4 000 多个段落，在这些段落里面，绝大多数是作为一个正常人，或者说作为一个有文化的人，所必须知道的社科知识。对我而言，《夜航船》就仿佛是明末清初，整个国家和民族都陷于山河破碎的危难时刻，整个神州大地都笼罩在一片黑暗中时，一位有骨气、有气节的名为张岱的文人，披发入山之后，通过自己的笔墨纸砚为这漫长的黑夜点起的一盏长夜明灯。 这部书仿佛是一艘永不停止前行的孤帆，穿越了数百年的黑暗，来到了现代人的面前，带给我们以思想上的慰藉和精神上的启迪！

这就是《夜航船》，一盏永不熄灭的长夜明灯，一艘黑暗中前行不止的孤帆！

雪的幻影

——读《乞力马扎罗的雪》有感

文/牟玥

众所周知，海明威一向以硬汉形象立足于尘世，可是在我有限的阅读生涯中，或许是出于不谨慎的揣测，我觉得大多数作家都是敏感、多疑、矛盾的。读完《乞力马扎罗的雪》，我亦有此感。这并不代表海明威不坚强，只是他的坚强很可能是针对外界事物而言的，即不管外界给他施加多大的困难他都可以克服，正如他在《老人与海》中所说的，"人可以被毁灭，但不能被打败"。可是一旦面对自己内心的矛盾时，这样的坚强恐怕就消失了。毕竟，作家能够对社会观察入微，但却难以透彻地了解自己的内心。这本书可谓是作者对自己内心的深入剖析，可能是对自己的唤醒，更可能是对自己的警告与期望。

首先来谈谈这部作品的主题。该作品主要讲述了一位沉迷于酒色而荒废了写作才能的男人幡然悔悟，和妻子去乞力马扎罗山旅行，渴望重新追寻理想，最后却不幸受伤，在沉思自己的一生后死去的故事。作品的主题可以概括为几个关键词：生与死，理想与沉沦，精神与物质。这些词乍一看都很宏大，可作者却巧妙地利用一个将死之人对其一生的回忆，以小见大对这几个问题进行了思考。归根结底，该作品着眼于理想，文中的男人不惧怕死亡，是因为他更加痛恨失去了理想而堕落的自己。 全文传达出作者这样的一种生命态度：理想是人生的太阳，是灵魂的故乡，是一种追求真与美的意识。 什么时候丢下了理想，什么时候生存就失去了意义。

再来谈谈作品中的一些细节。 这部作品一开始就写道，乞力马扎罗山西高峰有一具风干冻僵的豹子尸体，豹子所代表的理想殉道者，和男人所代表的在沉沦中生存的人形成了鲜明对比。 曾有人批评，作者在后文没有呼应豹子的尸体，这是一个败笔。 我却觉得作者没有错，一是将豹子的尸体放在第一段，形成的视觉和心灵冲击力已经十分强大，再加上后文写了男人在物欲中的沉沦，也会让读者不由自主地联想到为理想而死的豹子，豹子的形象已经足够丰满；二是豹子的形象，不应该由作者进一步给出标准答案，而应该由读者自己去想象，想象它是如何在雪山中爬行，在风雪中屹立，在理想的山巅满足地倒下，读者不同的理解，能够极大地丰富作品的内涵。 后文中男人回忆了很多往事，串起了男人的成长经历，从才华横溢到纵情声色再到内心痛苦。 最能体现他痛苦心态的话或许是这句，"爱是粪，钱是盔甲，用毁灭一切来让自己活着"。 他已不懂得爱，对待妻子都是谎言，钱对于他更是毁灭才能和希望的毒药，可是他又舍不得离开它的庇护，最后只能用毁灭来寻求重新开始。 他痛恨的不是周围的事物，而是明知已经沉沦却无力挣脱的自己。 如克雷洛夫所说："现实是此岸，理想是彼岸，中间隔着湍急的河流，行动则是架在河上的桥梁。"他明白他已没有渡过河流的机会了。 值得注意的是，这些往事几乎都是围绕雪展开的。 雪代表什么呢？ 在一开始雪或许是纯洁的心灵和美好的希望，可是越到后面，雪就越像在暗示着对过去的遗忘和掩盖，暗示着生活的迷失。 除此之外，文中那些值得玩味的回忆反映了一些真实的社会面貌：像菲茨杰拉德一样纸醉金迷的作家，巴黎公社后裔的困苦生活，被欺负而杀人的傻小子，被孩子嫌弃后找了很多情人以排遣寂寞的有钱的年轻寡妇。 在读者眼前展现出的是一幅壮阔的浮世绘，人物的喜怒哀乐都一闪而过，留下的只是时代的呼啸。

接着来谈谈作品的写作特色。 在人称上，作者采用了第三人称，以陌生化的处理手法，以客观的视角让读者统观全局，从而达到对作品主题的整体把握。 作品中也有大量虚实结合的例子，例如，男人的思绪一直在现实与回忆中转换，直到最后在飞向乞力马扎罗的幻想中死亡，让人分不清真实与虚幻，将人从到达了乞力马扎罗的美梦中猛然唤醒，为作品增添了朦胧迷离的色彩。 除此之外，作者在文中对自然风景和人文风俗进行了大量精细的描写，与平时简洁干练的风格不符。 我想这是由于作品想要用和乞力马扎罗山的雪一样美好、纯真的东西来向我们展示理想的珍贵。 文中男人的角色，颇像《漂亮朋友》中的杜洛华，其最初的纯真理想，逐渐被生活的物欲裹挟，最后如行尸走肉般生存着，直至毁灭。

最后来说说作品的深层含义和启示。 对作者而言，这部作品或许有半自传体的性质。 文中不时透露出男人"酗酒""有战争创伤""厌倦和愤怒"，对死亡道出了"像微风"一样的感悟。 这与作者自身的经历非常相似，也似乎暗示了作者最后将会选择的结局。 作者不少个人的反思贯穿其中，耐人寻味。 对读者而言，最大的启示就是珍惜生活、追求理想。 在文中，男人想得最多的一句话就是"那些情景都没来得及写，我也不会写了"。 多么可悲！生命的价值不应该在纵欲和悔恨中虚耗。 此外，文中说男人能得到妻子的心，一靠写作，二靠谎言。 写作，曾经是他追寻理想的翅膀，可是却又沦为了他欺骗他人以求得享受的工具。 这告诉我们，自身的才能必须要正确地加以运用，如果用错会越陷越深。 在死前的梦中，男人飞向了乞力马扎罗的山巅，这时，我们会不由自主地凝望自己的理想，反思自己的脚步，希望自己还有足够的机会真实地触摸到那皑皑白雪。

我认为，比起在沉沦中悔悟的男主角，那只豹子才是作者更愿意达到的生命状态。 作者想用乞力马扎罗的雪鼓励我们追求理想，不要被物质享受所腐蚀，不要让生命徒留伤感和懊悔。 可是现在，自然界中的乞力马扎罗山已经因为气候变化而快没有雪了。 在社会上，又还有多少人的心里，仍留着乞力马扎罗的雪的纯洁幻影?

岁月缝花，怦然悸动

——读《美的历程》有感

文/杨丽

九百六十万平方千米的神州大地上，最爱江南；上下五千年的历史长河里，最爱宋朝。爱江南，或许只因为一句"骏马秋风冀北，杏花春雨江南"，于是梦里、诗里都是江南，那个温婉美丽的地方已和故乡一样美丽而神圣。爱宋朝，或许只因为它有着东坡、稼轩的词，有着意境非凡的山水画作。所以读李泽厚先生《美的历程》一文，我最爱第九章，借以抒发我内心的文人情怀。

王国维说："古今之成大事业、大学问者，必经过三种之境界：'昨夜西风凋碧树，独上高楼，望尽天涯路'，此第一境也。'衣带渐宽终不悔，为伊消得人憔悴'，此第二境也。'众里寻他千百度，蓦然回首，那人却在灯火阑珊处'，此第三境也。"我觉得这三种境界不但可以用来形容词人和学问，也同样可以用来形容宋元山水画的意境。"无我之境"便是第一意境，西风凋零，高楼望断，大自然单纯的抽离，没有实物的拟人化。"诗意追求"便是第二意境，寻寻觅觅，苦苦思求，忠实于细节，诗意独美，只为所求。"有我之境"便是第三意境，辗转反侧，万物以我观之皆着我之色彩，一切尽在其中，于物我两相交中真正寻得其中快乐。

文中字句或优美或言理，我喜欢这一句："日有朝暮，并不计时辰迟早；天有阴晴，却不问光暗程度；地有江南北国山地水乡，但仍不是一山一水的写实。""真山水如烟岚，四时不同，春山淡冶而如笑，夏山苍翠而如滴，秋山明净而如妆，冬山惨淡而如睡，画见其大意而不为刻画之迹。"山水画作处处都有时间、地点，却又处处不表现时间、地点，四时变化，朝暮异景，时时不同。北宋的大家没有刻意去表现这些时令，但是每一幅画作都表达了作者对季节、时令、气候的领悟。欧阳修说四时之景不同，而乐亦无穷也。晦明变化者，山水朝暮……作者不会告诉你他要表达什么，但是看着他的画，大自然景象的一切却又跃然纸上。北宋画作讲求"气韵生动"，把对人物的审美要求推广到山水画上来，使得山水画的美不仅是形态美，更是内在的美。北宋山水画代表大师范宽的著名作品《溪山行旅图》，山高清绝，落木无声，与西方画作那种追求细节的作画方式完全不同。范宽的山水画里没有对山、水、木、物的真实感的追求，不注重光线明暗和阴影色彩，更加没有西洋透视法下精密的描摹，但是他的画作就是这么打动人，因为他对意境刻画得准确，表达得到位，就算不求实，也会令人喜欢。"看此画令人生此意，如真在此山中，此画之景外意也"，是对宋元山水画令人有身临其境之感的深切描写。

　　对于第一境界"无我之境"的山水画作，你无法从中看到作者所谓的个人色彩，也看不到他的苦闷和喜悦，更看不到他的情感，因为他传递的意境就是山水本身。所谓"无我"，不是说没有艺术家个人的情感和思想在其中，而是说这种情感和思想没有直接外露。你看到的只是山水美景，是自然景物的画面。作者没有托物言志，没有借景抒情，没有把情绪带到山水之中，所以，现在我们看到的画面，看山还是山，看水还是水。对于自然，你可以有更加广阔的想象空间。这一时期的山水就如李泽厚先生写的那样："画面经常或山峦重叠，树木繁复；或境地宽远，视野开阔；或铺天盖地，丰盛错综；或一望无际，邈远辽阔；或巨嶂高壁，多多益壮；或溪桥渔浦，洲渚掩映。"山水便是山水，文人士大夫眼中被美化的山水亦如此。

诗中有画、画中有诗是"无我之境"到"有我之境"的过渡时期，凡是过渡皆是对自我内心的妥协或者放纵。妥协的原因在于其暂时还无法达到真正的"有我之境"，时机尚未成熟，但内心的情感又想要得到抒发，因此对社会环境妥协，对自己的内心妥协。而放纵则是对自我约束的放宽。中国文人的人文情怀太浓，诗书气质太重。宋元时期，随着社会的发展，人们的审美标准和艺术情趣在发生变化，这个时期的画作不再是简单地描述自然、刻画环境，而渐渐开始表达诗意。这一时期的山水画作，用李泽厚先生的文笔来描述，便是"哪里没有一角山水、半截树枝呢？哪里没有小桥流水、孤舟独钓呢？哪里没有春江秋月、风雨归舟呢……它们确乎做到了'状难言之境列于目前，含不尽之意溢出画面'，创造了中国山水画另一极高成就"。这使得北宋和南宋时期截然不同的艺术气质得以完美呈现，各有千秋。第二种境界婉转承接，开拓了宋元山水画的艺术境界的新领域，使得"无我"和"有我"完美联系起来，诗意外溢。这种对细节的忠实和对诗意的追求，正如"衣带渐宽终不悔，为伊消得人憔悴"的意境写照，不极端，不刻意，不生硬，却处处留有诗意的美。这个阶段承前启后，为后来画家在画作中表达自我、打破囹圄奠定了基础。

第三种境界是"有我之境"。经过"无我之境"的探索，"诗意追求"的过渡，最终呈现的是"有我之境"的宋元山水画作。在这个阶段，看山不是山，看水不是水。以我之眼观物，则物物皆着我之色彩，以我之情度事，则事事悲喜可察，情由可取。在这里，逸笔草草，不求形似，聊以自娱的追求被放大，深入人心。这样的变化据说来自南宋社会结构的变化。南宋的国土面积急剧缩小，赵氏王权受到前所未有的挑战，蒙古族进军中原，逼近江南，文人地位受到冲击，再者外族部落日益强盛，并且不断侵扰大宋，国家不稳定。 同时，宋朝商品经济的逐渐发展，为后来明朝时期的资本主义萌芽奠定了基础，市民精神崛起，社会化需求大，人们的社会生活日益丰富，人文情怀的抒发和自我意识的表达变得越来越重要。

这种表达的要求体现在两个方面：一方面，从元画开始，画家开始注重笔墨，重视书法趣味，通过对绘画技法的表达来展现自己的内心世界。赵孟𫖯在《秀石疏林图》后面的自题诗中说道："石如飞白木如籀，写竹还应八法通，若也有人能会此，须知书画本来同。"在这里他再三强调的不是形象的真实与笔墨的关系，而是孤立地谈绘画笔墨与书法的一致性。 另一方面，画家在画作上题字，讲求书画一体。 其实从唐朝开始就有这样的传统，但是在宋元时期表现得更加明显。 在山水画的诗中，你可以看到中国文人的壮志难酬、家国情怀、捐身赴国难的勇气、怀才不遇的愤慨、思乡归故里的乡愁、红袖添香的期盼，还有那些说不出、道不尽的思绪。 物物皆有我的色彩，这就是"有我之境"。

在书中，我尤其喜爱这一段："与此同时，水墨画也就从此压倒青绿山水，居于画坛统治地位。 虽然早有人说：'草木敷荣，不待丹绿之采；云雪飘扬，不待铅粉而白；山不待空青而翠，凤不待五色而粹。 是故远墨而五色俱，谓之得意。'但真正实现这一理想的，毕竟是讲求笔墨趣味的元画。 正因为通过线的飞沉涩放，墨的枯湿浓淡，点的稠稀纵横，皴的披麻斧劈，就足以描绘对象，托出气氛，表述心意，传达兴味观念，从而也就不需要也不必去如何真实于自然景物本身的色彩的涂绘和线形的勾勒了。吴镇引陈与义诗说，'意足不求颜色似，前身相马九方皋'。 九方皋相马正是求其神态而'不辨玄黄牝牡'的形象细节的。" 这一段突出描述了山水画中的一类精品，色彩画中的变异宠儿——水墨画在当时的地位。 水墨画是"有我之境"表现手法中最独到的一类，因为它有相当多的留白，可以供你打开脑洞，无尽想象，这样你所理解的作品就会更加富有情感，即使那样的情感里有着你自己的解读，也许那样的情感里作者已死，但无论如何，它都是满含情感的。 在这一境界中，重点早已不是对客观对象的忠实再现，而在于追求其中的意趣。 画面也不再需要追求精巧和多样，只要可以表达情感就够了。 画面的构图不再是物物皆在景中，而是情与情皆在不言中。 王国维第三境界"众里寻他千百度，蓦然回首，那人却在灯火阑珊处"正切合了这一境界。"有我之境"便是辗转反侧，含蓄其中，在物我两相欢中真正寻得其中快乐。

书的最后附上了一段摘录："如所指出，诗境深厚宽大，词境精工细巧，但二者仍均重含而不露，神余言外，使人一唱三叹，玩味无穷。 曲境则不然，它以酣畅明达，直率痛快为能事，诗多'无我之境'，词多'有我之境'，曲则大都是非常突出的'有我之境'。 它们约略相当于山水画的这三种境界。'夜阑更秉烛，相对如梦寐'是诗，'今宵剩把银钉照，犹恐相逢在梦中'是词。'小楼一夜听春雨，深巷明朝卖杏花'是诗，'杏花疏影里，吹笛到天明'是词，'觉来红日上窗纱，听街头卖杏花'是曲。'寒鸦千万点，流水绕孤村'是诗，'斜阳外，寒鸦数点，流水绕孤村'是词，'枯藤老树昏鸦，小桥流水人家，古道西风瘦马'是曲。"这是李泽厚先生对于诗境、词境和曲境的解读，他在山水画中用诗句来描摹三种境界。 我很庆幸本文所探讨的三种境界竟与之不谋而合，读到最后已被李泽厚先生深厚的文学功底和美学鉴赏能力折服，同时自己也十分庆幸，竟然可与大师有此共鸣，可见艺术才是真正不分人群、不分种族、不分时代的永恒经典。

山水之间，自有世界，意境之中，感怀之内。 读一好文章，顿觉岁月缝花，怦然悸动，忽如重历一遍往常，见自己，见天地，见众生。

让花在墙角开吧

——读《斯普特尼克恋人》有感

文/李菁雨

这是我第二次读完时，所写下的只言片语。至于为什么是第二次，并不是书的内容丰富有趣，引人入胜，仅仅是因为看第一遍时没读懂。我将其理解为对书没有称心的解读。不能解读一本书，讲出来的也只有故事，而故事里的感情自然就缺失了。

《斯普特尼克恋人》以第一人称视角描述了"我"的朋友堇，恋上比她年长 17 岁的敏后，陪同她去欧洲旅游并在希腊某一小岛上失踪的故事。

初次阅读，我是把堇当作主角的。堇与她所爱慕着的敏在感情上的发展吸引着我。先入为主的片面思考，限制了我对这本书的理解。而第二次阅读时，我不再囿于"我"口中叙述的堇的故事，而是着重理解文字本身的变化，所以最后合上末卷，内心一直萦绕着难以平复的孤独之感。以下是我对《斯普特尼克恋人》的一些理解和感悟。

即使作为小学老师，"我"也不喜欢与人交际。在一个书店，"我"却被堇搭讪。堇的一切思想都与"我"相契合，就像是另一个自己。虽然"我"的生活还是以前那样单调乏味，但是堇的出现给"我"的世界打开了一扇窗户。她洒脱自然，能言善道。"我们"成为志同道合的密友。

"我"被她强烈地吸引住了，渐渐发展成为无法自拔的痴情。 当"我"对董的迷恋逐渐显露时，敏的出现却占据了董全部的心思，让"我"不得不搁置下对她的感情。 在"我"与董的交流中，"我"了解到董逐渐融入敏的世界，并接受了敏的聘请，帮助敏打理其事务所。"我"不时会想起"我"的往事，董以前的故事，但这丝毫不妨碍她们两人关系的发展。 就在董作为秘书与敏同赴欧洲旅行期间，董对敏产生性的冲动，但敏因为14年前发生的事件，早已迷失了自我。 于是在一个希腊小岛上，董失踪了。

这场突如其来的失踪，导致一切的秩序开始紊乱，矛盾逐渐浮出水面。"我"无法搜寻到董的下落，也丝毫没有关于董的线索。 董像烟一样消失了，没有人看见，没有人知晓。 回国后，所有报道都只字未提此事。这时"我"才发现自己对于董的住址、家庭情况甚至工作地点也毫无所知。 而敏呢？ 回国之后"我"也只是在街上见到过她，却陷入她是否是敏的矛盾中。

这不禁让人忖度，假如董从一开始就不存在呢？

"我"想要有人和我分享感情，于是在书店看书的那天，"我"创造出董。 她对"我"看的书感兴趣，并与我搭话。 在不断的交流中，"我"爱上了董。 然而为了继续这段不可能的关系，敏被创造出来。 她的出现保护了董的存在，让"我"对董逐渐膨胀的爱恋冷却。 但虚幻的东西终究还是会破灭的。

自董消失之后，"我"生活着的故事逐渐丰富起来。 其中有件事是一个小孩扒窃被保安抓住，需要"我"以老师的身份进行调解。 在"我"与孩子的谈话中，"我"第一次向他人述说了董的失踪以及"我"从小到大所感到的烦闷与孤独。"我"发觉他的内心深处也有属于自己的不可告人的秘密，这个秘密对于他的意义，可能和董对于"我"的意义是一样的，它们都已从单纯的臆想发展到了现实生活中。 孩子没有说话，却把隐藏着这个秘密的钥匙给了"我"。 而"我"选择把钥匙投入河中，把那寒碜、污秽、猥琐的人际纠葛扔进那浑浊的河里，然后往家走去。 之后"我"开始回想着假象的一切，这时一通来自堇的电话响起，期待着"我"能去那头的电话亭接她。 放下电话后的"我"却无动于衷，因为这时"我"已经彻底发现这一切只是梦境。"我"幻想着能有一个朋友，幻想着一场爱恋，幻想着一种精神的离世，幻想着摆脱孤独。 然而我们活着，行走着，就没有比这更能体会孤独的事了。

斯普特尼克，意为"旅伴""伴随者"，是苏联 1957 年发射的人造卫星。 苏联前后发射了两颗人造卫星，但第二颗没能回收，其中所载的莱卡狗也成了宇宙探索的牺牲品。 在那漫无边际的宇宙式孤独中，从小小的窗口向外窥看的狗的一对黑亮黑亮的眸子，究竟在看什么呢？ 它是否也会感到孤独呢？

这是写给孤独的书。 它宛若层层迷雾遮蔽你的双眼，让你迷失方向，又像细腻的冷雨，凉透你的每一寸皮肤，每一根神经。 它挥舞着，躁动着，喧嚣着，让你无法逃离。 等你发现它时，它早已化为深井之下唯一的绳索。

在村上春树的书中，每一个人物都有着独特的相似性。 他们既像那颗卫星，也像那只小小的莱卡狗。 面对这种离世的孤独，他们隔绝自我，剥离心灵，游荡在现实世界中。 他们日复一日地在自己的轨道上，先是公转，然后自转。 但这里，孤独不是一种宿命，而是一种偶然与选择，是一种抵达。 堇的名字来源于莫扎特的《紫罗兰》，讲的是旷野上开放的一朵楚楚动人的紫罗兰被一个粗心大意的牧羊女一脚踩扁，牧羊女却浑然不知的故事。

倘若能重来，让花在墙角开吧，别给它阳光，孤独的心值得一辈子流浪！

长安月

——读《诗经》有感创作剧本《长安月》

文/吴佳芮

似雾濛花，如云漏月。 行云径拥，一脉暗香袭人。 倚湖山梦晓，烟雨沉沉，疏影洄洄，几卷荷风，青葙宜人。 遥忆当年长安月，月下自是有情痴。

——题记

第一幕　所谓伊人，在水一方

时间：天祐十三年初夏。

地点：秦国渡口。

天祐末年，诸侯纷争，天下局势，风云莫测。 其中，齐魏两国因逐鹿中原，相互攻伐，以致民不聊生。 天祐十三年，齐魏钟山一战两败俱伤，一时间势均力敌，陷入僵局。 百姓中传言：天下泰安，凤出丹穴……

"蒹葭苍苍，白露为霜。

所谓伊人，在水一方。

溯洄从之，道阻且长。

溯游从之，宛在水中央。"

最初的最初，不过一句"青青子衿，悠悠我心"。

若是青葙知晓，她与他应是早已相识。那日苇香脉脉，风中夹杂着秦地的歌谣。

她从初夏带着微微湿意的晨雾中踱步而出，似是穿了件青色的衣服，在雾里朦朦胧胧的，看不真切。接到要与秦国定盟的密令，初入秦国的魏国使臣陵游便似瞧见了混沌之时起于天际的嘒彼小星，只单单一眼，却早已叫人移不开眼。

那时的陵游并没有太多感慨，只是觉得，渡口上站着的她神骨清秀。明明隔了晨起的浓雾，却觉得她一定眸若星子。

（青葙脚步轻快，天真烂漫，带有些许慌张）

青葙："碧儿，你可快点赶上来，前面那么热闹，定是有什么新奇的事儿。你再慢，我可不等你了啊！"

（侍女碧儿气喘吁吁）

碧儿："公主（后音渐小）……（青葙慌忙摆手）小姐，您走那么急干什么，我们还是看看就回去吧。君……老爷可不知我们偷偷溜出来，一会儿英招找到可就不妙了！小姐，小姐！（碧儿带有哭腔，十分着急，话语被青葙打断）"

青葙："好好好，我的好碧儿，（调皮中带有恳求）趁着父亲要去秦国商议要事，我这才以途经魏国可察民情为由，加上父亲早已有心让我了解魏国，这才将我带出，不然，哪里来的好机会可纵游秦魏二国。好碧儿，你就迁就一下我嘛！"

碧儿："（捂嘴偷笑）小姐可要说话算话，碧儿跟您到前面的渡口瞧瞧，然后就赶快回去吧。"

青葙："好……（带有迟疑）依你还不成！（皱眉后微笑，而后陷入短暂的沉思）关关雎鸠，在河之洲……（向往感）碧儿，我们到夏阳渡啦！嗯……老伯，老伯！您老人家稍等一下，前面的渡口可是有什么事儿？"

（老伯上，碧儿紧跟青葙其后）

老伯："丫头呀，（耳背的样子）你……不是秦国人吧（青葙狡黠地抿嘴偷笑），今日是夏阳渡开渡口的好日子，远近的商旅都会在今日集聚于此。前面闹哄哄的，应是秦国的说书人吧。讲些大伙想听的故事，也解解乏闷。这不，齐魏刚打完一仗，眼下正在讲当今局势呢。"

青葙："那我可要挤进去听听，碧儿，你可别落下了啊。老伯，谢谢您啦！（青葙急忙说完，老伯笑着扬了扬手以示告别）"

（群演及说书人，场面嘈杂）

说书人："列位看官，说到如今天下局势，大伙都道是礼崩乐坏，瓦釜雷鸣，高岸为谷，深谷为陵，名将辈出，大才如云，英主迭起。现下，大伙可知今时今日之局势？"

市井客："这不废话嘛，齐魏两国不是才打完一仗！听说呀，（神秘）当日战场，分明是春日却一夜间草木枯黄，流血漂橹……啧啧啧，当真惨不忍睹啊。（人群议论纷纷，骚动起来）"

说书人："（抚尺一拍，群响毕绝）咱们今日就谈谈这齐魏二国！这位看官说的是，两军交战，苦的都是黎民。试问：哪次战役后不是饿殍遍野？那些冠冕堂皇者，说着什么'统一天下，马放南山'以求跻身于帝都，可有谁为百姓想过？若真有什么犯我山河之事，以我为先，自会鏖战沙场，赴汤蹈火，在所不辞！可瞧瞧，天下本可太平，这几次征战，又有几个有真正的理由，最后是家不成家，国也不成国！各位说说，是不是此理？！"

（人群骚动，叫好声不绝）

青葙："（不满地）可是征战也是为了让百姓有好日子呀，国君本意当然不想出战，都是为了使天下和乐才出兵的啊！"

市井客：“丫头，你没见过真正的战场吧？ 国君在上，下令自然容易，一声令下，万人相从！ 可整日靠天靠地的百姓呢，活着本已是难事，现下还要提防不知从何处射来的流箭夺走上一刻还在身边的活生生的亲人！ 这叫人如何受得了！ 更何况，就拿此次钟山之役来说，齐国又以何名义出兵？ 邻国犯境？ 哼，笑话！ 这中间可还有卫国呢！（冷笑）如若不是魏国使臣从中周旋，此次大战不知还会持续多久！”

（青葙恍恍惚惚出）

青葙：“（带有迷惘地，喃喃自语地）碧儿，父君是不是做错了，怎么百姓都说他出兵是错误的，还有人说他穷兵黩武？ 英招说，父君此次来秦，像是要连秦伐魏！”

碧儿：“小姐，碧儿不知，您也别问了，我们还是赶快回去吧，君上一会儿再派人就不好了！”

青葙：“（惆怅中带有疑惑）碧儿，要是有一天，百姓之家人人和乐，大道行于天下，是不是那传言中黑文白首、赤喙虎爪的大鹗也不会自钟山而出？ 见则有大兵？（不解）见则有大兵！（恐慌）不可以！ 我定要阻止父王发兵！”

彼时，青葙不知，那日她身着由银丝绣成的云纹绉纱青色曳地裙立于夏阳渡口的一举一动，早已尽数落入陵游眼中。

再后来，初春三月，草色微浅，一切已是欣欣然的样子。 他凝望着远处的淡青色菖蒲，心头上偶然掠过一片青色的衣袂。 一阵微风吹来，水青色的薇草将他的思绪也染成了青色。

今夕何夕，见此良人。

第二幕　既见君子，云胡不喜

时间：从秦国回到齐国后。

地点：齐国丹穴山。

青葙与他初遇的那天，月亮像极了长安的明月，月色溶溶，有碎光流影。　有匪君子，独坐幽篁中，明月来相照。

故事的开始，他焚香抚琴，她侧耳倾听。　微亮的星空下，洒落了一地的静谧，映出了一个分外静好的夏夜。

还好，还好，君生我已生，我生君未老。　还好，还好，再次邂逅，适我愿兮。

等到后来青葙再次忆起与陵游初遇的情景，纵使时过境迁，也不过一句话：既见君子，云胡不喜。

青葙："（自言自语地）回来时听人道齐国风物具备之处，非丹穴山莫属，如此瞧来，确是灵气聚集之处。　有清泉凝辉，有杏花微雨，如若再加上横笛二三声，瑶琴相合，那就更好了。"

青葙："似有人在弹琴？　难道此处竹林深处竟还有人家？　嗯……去看看总可以吧，赶在天色微暗之时回去就好，不会有人发现的。（暗自窃喜）"

陵游："今日何日兮得与王子同舟，蒙羞被好兮不訾诟耻。　心几烦而不绝兮得知王子。　山有木兮木有枝，心悦君兮君不知……（陵游停顿一会，缓缓说道）姑娘可是来寻凤皇（即凤凰）的？（打趣道）"

青葙："这里真的有凤皇吗？（惊讶）不好意思，打扰到你了吗？　你弹得真好听，是什么曲子？　我怎么从未听过。（不好意思地）"

陵游："此曲名为《越人歌》，乃越国民歌，轻婉南音，柔柔楚乐……在齐国确实是不常见的。　至于凤皇，（轻笑）姑娘可听过坊间传言'天下泰安，凤出丹穴'？"

青葙："曾经去秦国时听到过。"

陵游："（淡淡的语调中略带疑惑）哦？ 姑娘竟去过秦国。（挑眉）"

青葙："嗯……不久前曾去游玩过。（迟疑）"

陵游："原来如此，那姑娘可曾听过书中所言：'丹穴之上，有鸟五采而文，名曰凤皇，首文曰德，翼文曰义，背文曰礼，膺文曰仁，腹文曰信。 是鸟也，饮食自然，自歌自舞，见则天下安宁。'"

青葙："真的会有这种鸟存在吗？ 那它如果现于天下，岂不是大好之事！"

陵游："（爽朗大笑）哈哈哈……天下之事，自当由天下之人处置，怎由得怪力乱神之说……不过，如若真有此神鸟存在，陵游身死又何妨？ 魂魄归来还当为鬼雄！"

青葙："那我也是！"

陵游："（再次大笑）好好好，如有凤皇讯息，我一定设法告知姑娘，如何？（挑眉）"

青葙："你可定要说话算话，你记好了，我是齐国女子，名为青葙，家住……你若是找我，只需到齐国都城临淄，然后找到青木川旁最壮丽的建筑便可，把这个素雪紫薇花样的帕子给守门人即可。"

陵游："既有此说，那陵游就恭敬不如从命了。（向青葙行礼）"

青葙："你能再弹一曲吗？ 天色已晚，我恐怕很快就要离开了，在此之前，可否再抚琴一曲？"

陵游："有何不可！ 为你弹一曲便是！"

如此爽朗清举之人，青葙确实是第一次遇见。 他的笑仿佛有种直达内心的力量，如一个巨大的漩涡，将青葙卷入其中。 青葙 16 年的生命所孕育的全部缥缈的向往，终于第一次有了一个清晰可见的形象。 他身后的所有光色，在那刻，幻化为虚无……

第三幕　一日不见，思之如狂

时间：丹穴初见数月之后。

地点：齐国境内。

青葙："（心理活动）从那之后，历经数月，无论我怎么寻找，就好像世间不曾有过这个人一般，他在我的生命里仿佛焰火般只出现了一瞬，随即黯淡消散。我本想就此忘怀，可却怎样都放不下！我曾经求过英招——我童年的玩伴，齐国行完冠礼便被封为上将军的人，本以为如果英招肯帮忙，从他那里也许能听到些许风声。可在英招找了没有多久的时候，有一天，他突然告诉我，不要找了，这个人已出齐国。

"那时我想，我等了16年才遇到他，他怎么能不多待一会儿再离去。至少，他应该告诉我他的名字，家住何处，或者，可以的话，告诉我他喜欢些什么，芙蓉糕和马蹄糕他又偏好哪一个……至少，他还知道我的名字，可以来找我。而我呢，只知晓那天他弹的是楚乐——《越人歌》，还有他微挑眉梢，缓缓道：哦？姑娘竟去过秦国？"

后来，青葙听闻上元节时青木川要放河灯，拗不过碧儿的请求，便去了青木川。时值上元佳节，青木川畔流光溢彩，华灯璀璨。

青葙："碧儿，你去前面看看吧，我在茶馆等着你就行。"

碧儿："那怎么可以！我就是看您整日闷闷不乐，这才想方设法将您带出来。今日，您必须听碧儿的，我和您一起去看河灯！（恳求地，殷切地）"

青葙："好，依你还不成。（微笑又无奈，停顿一会像是发现了什么）我去前面瞧瞧那些面具！"

碧儿："您小心点，别走太远了！（在青葙身后喊道，碧儿下）"

（面具摊前）

青葙："店家，您这面具怎么卖？"

（陵游自青葙身后戴面具出）

陵游："姑娘，好久不见。"

青葙："（心理活动）那一刻，我终于又见到了他，这一切曾经是那么艰难，而这一刻来得又是那么容易。 我望着他半遮在面具下的面容，心早已醉了。 这意味着什么？ 是梦醒了，还是刚刚开始，我不知道。"

青葙与陵游有太多相似之处，既已相遇，自当倾心相付。 青葙带着陵游体会齐国的风土人情，看遍万千美景。 上元灯节，共赏流光珠影，琉璃般若；中秋月夜，共同候月吟诗，临风酾酒；青木川岸，一起听角徵清商，互诉衷肠……陵游知晓青葙向往长安月下温酒煮茶的生活，而青葙明白陵游志在江湖风云，两人便相约有朝一日，他带她闯荡江湖，她予他温宜静好。

陵游："我心匪石，不可转也。（坚定地）"

青葙："我心匪席，不可卷也。（含情望向陵游）"

午后，流云浮光似也浸在蝉声里。 青葙静静地站在陵游身后，听陵游站在青石上吹箫，箫声清绝，如桃花影落，碧海潮生。 陵游转过身来，看见了他此生无法忘怀的一幕：似是穿着初遇时的青衣，青葙在风中缓缓起舞，嗔笑皆情，摇曳的裙裾间荡漾着楚风……

有美一人，清扬婉兮。 是风中空灵的环佩轻响，是南山初春的薇草轻拽，是天边醉人的酡红晕开……世间万物从此都会带上她的影子，玉珏是她，薇草是她，夕阳亦是她……思君如流水，何有穷已时。

青葙："陵游啊，我只愿死生契阔，与子成说。"

陵游："无论天下局势如何，幸好，幸好，你还在我身边。"

第四幕　未见君子，对月流珠

时间：天祐十四年。

地点：齐国境内。

陵游最后一次见青葙时，望见青葙立在街角，脑海里便浮现出一句诗："落花人独立，微雨燕双飞。"

隔着重重人群，陵游几乎望不见青葙了，只能听见人群中有人道齐君要将公主嫁给魏国国君，不日迎亲队伍便到……陵游想，真烦啊，我怎么什么都听不到了呢……隔着人群的青葙望着对面的陵游，嗫嚅着什么，然后人群拥挤起来，几个身着宫衣的人走至青葙面前，待陵游可以看清时，对面再无踪影。

遥想齐国初建时，本是一派安好之象。只是后来几位齐国公穷兵黩武，致使齐国流血漂橹，国力不增反退。到青葙父君任齐公时，纵使齐公减少征战，但整个齐国已是金玉其外，败絮其中了。

如今魏公以联姻为由，欲与齐国交好，齐公当然乐见其成。青葙以国为任，没有说些什么，在寝宫独自待了几天后，出来应了亲事。只是要魏国与齐国订立盟约，立誓永不侵犯。后来，齐史记载，公主在魏国使者欲起身告退之时，问了一句："可使魏宫无青衣？"使者言："诺。"

陵游在等着青葙。

一日宫里来人，给了陵游一条青色的鲛帕。陵游看后，沉默半晌，对宫人道："青绫既在，何以分离？"

鲛绡透，平生不相思，便得相思，只害相思。

陵游："我知道你便是众人口中的齐国公主，但你也是那个'巧笑倩兮，美目盼兮'的青葙啊。"

青葙："青葙身为公主，自当以国民社稷为重，国之意志便是青葙的全部。 生为公主，既享了常人无法奢想之荣华，便要担常人无法担起之重任。"

陵游："你曾经说过的，我都记得！"

但陵游不知道的是，青葙已从齐公那里得知陵游是魏国人氏。 并且，青葙以和亲为条件，迫齐魏二公答应给身不由己的陵游以永世自由。

青葙："陵游啊，若是我此生不能再与你相伴，你一定要走完你一个人的江湖……"

命运纵使如那名贵无比的丝绸，也总透着丝丝缕缕的光，那是无法逃脱的遗憾。 心海深处，那片幽蓝深静中，鲛人啊，你又为谁对月落泪成珠？

第五幕　与君有约，风雨不改

时间：青葙出嫁时。
地点：齐国国都。

陵游知道青葙为何如此选择，只是，青葙出嫁那天，他选择离开魏国。

河水洋洋，葭菼揭揭。 从青葙披上嫁衣的那刻起，一切便化为她身后那条无法再踏上的路。 十里红妆，却似血一般刺目。 层层繁复的大红色烟纱散花裙衬着青葙身后如墨一般化开的黛青色山脉，肃穆得令人窒息。后来，有人说齐国公主出嫁时，仪式甚是壮观，举国欢庆，堪载史册永铭。

青葙："（心理活动）那时的我暗自思量，他不在了，紫陌红尘于我，终是变得清怨了。"

出嫁那天，青葙听到了齐国的歌谣。 只是，一地如雪清辉，耳畔箫声清绝。

魏庄公十六年，魏国王后青葙崩。

《魏庄公·十三年》记载："王后初至魏国，魏公言：'王后青葙，温婉淑德，恪娴内则，姝秀敏辩，凤成敏慧。'此后三年，魏公与青氏相敬如宾，齐魏合心，上下安好。"青氏终生无所出。魏庄公二十年，立媵人之子为公子，是谓桓公。只是后来宫中秘闻传言，皇后青葙实则于大婚时便暴疾而亡，魏公碍于两国交好，密而不发，三年后始将丧事昭告于天下。

齐国泰安元年，新君即位，选贤举能。大司马陵氏布新政，减税赋，休养生息。齐国上下，一派海晏河清之气。直至陵氏终老，未有妻室，宗祠里却立有"吾妻青氏之位"的牌位，至于青氏何人，众说纷纭。

一次陵氏大醉，随侍小童立于一旁断断续续听见陵氏好似叫着"青葙"二字，玄色大案，草书大写：嗟余只影系人间，如何同生不同死？

后有说书人道，那青氏乃是齐国公主，只是说书人离故事发生之时已不知过了几世，故事只余模糊的大概。待到陵氏所著《青陵集》传至后世，翻开诗集，序页言：梦里不知身是客，醒来世间几度秋。

陵游："失却了你，人生只余半夏，盛夏已逝。"

第六幕　式微式微，胡不归

青葙："青葙今生最快乐之事，便是遇见温润如玉的陵游。双飞双叶又双枝，从头到尾，将心萦系，穿过一条丝。若有朝一日，青葙不再贵为公主，青葙定当随陵游走遍江湖。梦入长安，行遍华市，只为离人遇。"

陵游："陵游此生，本是不知为何而生，为何而活。终生所愿，唯有可以只身行遍江湖，看遍大好河山，但偏偏来到了齐国，遇上了青葙。还好，还好，恰好正当时。关于江湖的梦，那都是很好很好的，只是遇上了青葙，我便偏偏不怎么能想起了……

（坚定地）齐是青葙母国，若齐国有求，吾定当倾力相助，助其大兴。今日齐国已安，陵游今生唯愿来世去长安，只为路过青葙所处的院落……

彼时，烟雨濡湿了青瓦，我与她于人海茫茫处相见，无须寻找，她便在灯火阑珊处。"

"长安月，浐水清。

何日初夏至？

长安月，渭水迢。

满塘清荷香……"（陵游怀抱青葙灵位立于夏阳渡口，缓慢而沉重地走入水中）

泰安十年，适逢陵氏新政初见成效之时，大司马陵氏辞官远行，不知其踪。

长安月下煮清茶，一剪闲云一溪月。式微，式微，思念待归。

深渊中的温情与绝望

文/闫晓毅

如果说战争从来不属于女人，那么战争也就从来没有属于过男人。

谨以此文献给那些在黎明到来之时终将沉默的灵魂。

——题记

一

有这样一种东西，无关年龄，无关地点，既不关乎无名指上闪烁的钻石，也不关乎衬裙里褪色的补丁。藐视最饱满的嘴唇，嗤笑闪着光的银丝，恐吓青春的嬉戏，驱逐年迈的呻吟。它比黑夜更深沉，比悬崖更陡峭，比灵柩前的烛火更黯淡，比摇摇欲坠的星辰更莫测——不，不是死亡。

它像是一个水箱：破坏这只并不坚固的水箱的方式有千万种，但只要有一个缺口，液体便汩汩不绝，直至干涸。

这是战争。

在烟里火里摇旗呐喊的，在风里雨里逡巡前进的，铁血的身板，不屈的意志——这，是战争。

可是被历史掩盖住的，还有这样一种战争——大号的衣服与军靴，辫子与长裙，插着紫罗兰的步枪，当然，还有死亡。

这是斯维特兰娜·阿列克谢耶维奇的著作《我是女兵，也是女人》里面描述的那一种战争。

每一个人的口述回忆录，组合起来，是一个时代炮火连天的余震。

二

怀着一腔热血、满腹激情的，除了《白桦林》里面的小伙子们外，还有为他们唱出《喀秋莎》的那些人。她们，不是只会歌唱爱情的人。

主动请缨，背着家人参军，告别孩子被征召回军队……许许多多的人。

年轻的姑娘爱着紫罗兰，爱着美丽的裙子和长辫子，爱着一个心上人，或者是准备爱着一个心上人，乘着火车被运到前线；年轻的少妇们，离开自己深爱的丈夫，吻别自己稚嫩的孩子，奔赴血与火的疆场。

现实远比想象残酷！

死者长眠，获得永恒的安详。而生者的悲哀，早在战争结束之前，就埋下了种子。

三

战争当然是残酷的。

战争给每一个活着的人都留下了创伤，或者是身体，或者是灵魂。

但是对于年轻的女性来说，战争带给她们中大多数人的是双重伤害。逼近乃至于突破人类身体极限的战争生活给她们的身体造成了巨大的伤害，繁重的劳动与严寒给她们带来了这样的结果：虽青春少艾，一些人却永远失去了做母亲的权利。无数人失去了曾经的笑颜，鲜血淋漓的肢体永远蠕动在梦境的最深处，让每一个试图安静下来的日子徒劳无功。

　　士兵们大多经历了这场笼罩终生的噩梦，但对于女兵来说，她们的心里还有别的东西。

　　当时的姑娘们说，追求美丽是女人的天性。

　　一件偷偷藏好的连衣裙，一束细心扎好的紫罗兰，一头无比珍惜的长发……她们试图去保护的这些东西，是心中的温暖。美丽的图腾并不象征着娇弱，也未必是一种不合时宜与幼稚的幻想。这是一种对抗残酷战争的武器，悖逆了父权社会制度下对理性的狂热追求。

　　战争不分性别。在动荡不安的时代里，女人更容易被断裂的钢筋刺伤，也更容易在废墟中暴露出自己的身影。

　　戴着花的枪，与其说是一种意象，不如说是一种隐喻。

　　性与战争总是密不可分。男性士兵比任何时候都渴望在战场上看见女人。在远离家乡与亲人的修罗场上，下一秒就可能成为一具冰冷尸体的男性士兵，在活着的时候通过追逐青春的肉体来慰藉死亡的恐惧。

　　有爱情从焦土上萌发出娇嫩的芽儿，并且在战争后结出了果实。但是更多时候爱意是闪电般的，需要用最热烈的方式进行表达：性的饥渴正如一触即发的战斗，来得格外激烈。有人说，这是人性在对抗没有温度的战争。这又何尝不是一种对抗恐惧的方式！

　　不过战争既然是一种残酷的东西，它能给予的温情便是侥幸漏下的。

　　深渊里最耀眼的是余晖，最泛滥的却是黑暗——漫无边际的绝望。

　　孤独与死亡是最常见的，每一刻都在上演。但是谁知道爱情，或者说这种彼此取暖的关系，也会是禁忌的呢。

在一个连生命都无足轻重的地方，人们曾经遵循的那套社会准则已经面目全非。 解离了过去，模糊了未来，仅有现在的人们虽然在昔日的土地上，却挣扎在荒谬的国度里。 抛弃了妻儿的男人与青春少女，为了欲念与希望，紧密地纠缠着。

当战争结束，重力重新回到这里——伴随着世俗的道德。

男人们被宽恕，无论是死亡还是活着，女人们却被抛弃——被"爱人"，被"爱人"的家属，被道德框起的社会所抛弃。 父权社会的秩序因为暂时的混乱而被动摇，但是在它恢复之后，却对叛逃者施以最严厉的处罚。 对于这些女人来说，比死亡更深的绝望，是她们虽然活着，却已经不属于这个世界了。 无处可去，无法可想，有序比无序更为可怕——这才是令人胆寒之处。

四

功绩随着旧形态的解体一起坍塌，而过去却成为被排斥的缘由。 如果所有人的手里都能够擎起五彩的花，谁还会在乎那一束紫罗兰？ 既然和平是这样来之不易，为什么还要提起战争？ 战争成为一种惨痛的记忆，连带着这些参与战争的人都被打上了不祥的烙印——往事不必重提。

年轻人的热血随着岁月凝固成岩石，能够提出诘问的人大多选择了沉默。 喋喋不休的人提着油漆桶——真相如此狰狞，不如涂成美丽的模样；真相如此美丽，不如画上魔鬼的面庞。

五

永不停歇的风哟，你已经吹尽了硝烟，可是为什么还在这里哀号？

远远地望去，深渊里的阳光轻盈如羽毛。 紫罗兰扎根在炮弹的巢穴中，开出了永恒的美丽与忠诚之花，又萎谢成为绝望的养料。

最后的乡村，最后的士绅

——读《白鹿原》有感

文/李玥

一

金黄的麦浪在余晖中翻滚，太阳眯着眼，挤出最后一丝微笑，照在茫茫白鹿原上——天也是黄的，像脚下的黄土。

老人看见麦田间的柏油路上，小汽车停下又开走，偶尔有的从陇上驶下，又是谁家的孩子回乡了？

小汽车驶过田间的牌坊——"仁义白鹿村"。白鹿村早已不是八百里秦川的那个乡村，如今只是农村中普普通通的一个，靠天吃饭，既不至于落得个贫困村，也没有现代化的产业。年轻人，大多去了不远的西安城，村里人不认得他们了，他们也不认得乡亲们。节假日里的白鹿村，会热闹一阵。但大多时候，就像今天，静得只有老人、麦田、晚霞，一辆车都会惊得鸟儿四处乱飞。

"鹿伯——"

车里的年轻人伸出头："鹿伯，祠堂怎么走？"

现在的年轻人，唉，老人摇摇头，祠堂的路都不会走了。 不过，还有祠堂吗？ 那里也不是祠堂了。 祠堂外的牌子换了许多个，某某委员会啦，某某办事处啦，这几年，反倒改回了祠堂。 老人跟在汽车腾起的黄土后面。

祠堂在小汽车的对照下显得又矮又小，汽车像塞在雨水槽的塞子，立马堵住了祠堂门口的小巷，如果拔出，两侧的厦子房又像要立即崩塌，碎成粉末似的。

门上挂着大大的"祠堂"二字，生怕路人认不出这就是曾经庄严肃穆的议事场所。 从前的匾额大多也损毁了，除了"祠堂"二字外，还有什么字，又正好能挂在这上头？

年轻人和妻儿游览古迹一般在里面转了两圈。 年轻人指着门口石碑上的乡约，想对孩子们说些什么，想了许久，最终说道："这是过去的族规，人人都得遵守。"

老人看着石碑断裂的纹路和黏合的痕迹，想起祖辈说起的白姓族长，想起他在祠堂领着全村男人背诵乡约，想起他痛打逾矩的族人。 祠堂空空荡荡，弥漫着木头陈腐的味道，关中的风沙，穿堂而过——"沙沙，沙沙"——荆棘撕裂了皮肤，袖子与衣摆互相摩擦。 惊呼声、叫好声、哭声、喊声，一时常常上演，一直延续到祠堂被砸、祠堂重建。 陈腐的气味里或许还有汗味、血腥味、烟味、火味。

二

干燥的黄土开始龟裂，只有这里，尚有一片麦田，对了，那就是家。

年轻人把车开下陇，长长的水泥路通到村口。 两侧的麦子比人还要高，夹着他摇摇摆摆地前行。 晚霞是金色的，街道是金色的，麦子是金色的，村口的鹿伯也是。

"鹿伯——"

他认为老人已经不认得他了："鹿伯，祠堂怎么走？"

他小心翼翼地将车行驶在祖辈们走了几百年的街道上，上坡，下坡，颠来颠去。

祠堂比年轻人记忆中的小了不少，要是没有"祠堂"二字，他怕是要直接开走了。 站在木头开裂的门下，他想起孩提时代抻着脖子望进祠堂，那个高大肃穆的建筑。 他有一丝落寞——从此失去了记忆中的那座祠堂。

妻子兴奋地看着他。 她是一个城市女孩，"八百里秦川"只在戏里听过，更别提祠堂了。 她连自家的祠堂都没去过，甚至有没有都是个问题。祠堂有几根柱子，摆着几张桌子，写着什么，都是她和孩子们好奇的对象。

年轻人瞥见一个石碑，他觉得这是一个教育孩子们的好时机，便将儿子女儿叫到一块儿。"这是……"他说，"这是过去村子里的族规，不遵守就会受到惩罚"。

"是谁制定的？""谁来惩罚？"……

儿女们叽叽喳喳。"好了，好了，我想这是他们自己约定的，村子里的大家长监督大家，就像爸爸妈妈监督你们一样。 你们如果违反家里的约定，也要受到惩罚噢！"

他抬起头，看见鹿伯也在看着自己。

三

"小说被认为是一个民族的秘史。"

什么样的民族才有秘史？什么样的故事才算秘史？可以肯定的是，它们逐渐在历史的风沙中隐去，在时光中被雕刻。甚至，秘史成为它们最后的写照。

　　白鹿村正是历史变迁中逐渐消逝的中国传统乡村。正如当时其他乡村一样，它由当地士绅阶层所把持和控制。士绅既承担管理的职责，也享受着至高无上的地位与尊敬。同时，家族斗争、各种力量的此消彼长充斥着白鹿村的历史。

　　《白鹿原》以白家、鹿家的斗争为主线。白嘉轩与鹿子霖的角力围绕着对乡村的控制，围绕着各自的声望与地位。他们如一个硬币的两面，一明一暗。一人恪守儒家教义，行事光明磊落；一人长于使用计谋手段，为人虚伪功利。但书中又常伴随着强烈的反差。白嘉轩正直坚毅，却也被视为冷酷无情；鹿子霖奸诈狡猾，却显得其通晓人情世故。白嘉轩的儿子胆小懦弱，不明是非；鹿子霖的儿子却勇敢顽强，投身革命。

　　有人将白孝文的失败归结于传统礼教，但是白嘉轩正是传统礼教的产物。他是一个将正义内化为信念的人，而非鹿子霖之辈认为的"事是做给人看的"的人。因此，白嘉轩是更符合儒家"慎独"精神的人，是一个几乎在任何场合、任何形势下，都能恪守自身和家族底线的人。但是，白嘉轩过于强硬的行事风格和高压教育，对他的两个儿子白孝文、白孝武，以及长工鹿三的儿子黑娃都造成了成长的阴影，也为他们的悲剧命运埋下了伏笔。

　　绵延三代人的白鹿之争，终于以"白家赢了"收尾，但是白家真的赢了吗？从民国到中华人民共和国成立，在激荡的历史变革中，在时代的新旧交替中，白鹿村也被卷入这滚滚洪流之中。白鹿两家在历史面前终究黯淡下来，如同那被弃置的祠堂。士绅，也不再是乡村的管理者。甚至，乡村，也就此消失了，而仅作为人们在血缘与地理上的联系，其社会意义随着祠堂的没落而降低。它们像白鹿从草原上一跃而起，不见踪影。

读《活出生命的意义》有感

文/屈东方

　　生命的意义是什么？ 这也许是世上最重要，却也最令人困惑的问题。 从人类意识产生之初，各国的先哲思想家们，便穷极一生撰写了大量的著述去探索、思考生命存在的意义，但至今依然没有答案。 或者说，对于每一个人，都有着不同的答案与认知。

　　经济飞速发展的当今社会，也是幸福感与使命感愈发缺失的社会。 幸福感与经济增长背道而驰，生活质量提升了，幸福感却降低了，人与人之间的冷漠、道德的沦丧……各种社会问题层出不穷。 无论是达官贵人，还是普通老百姓，人们的目光中总是透露着空洞的无奈感和空虚感，似乎在向这个社会与时代控诉着什么，寻求着什么。

　　《活出生命的意义》一书讲述了身为犹太人的维克多·弗兰克尔，作为一名心理医生曾在第二次世界大战期间不幸被关进德国纳粹的死亡集中营并运用意义疗法成功自救的经历。 在泯灭人性的集中营中，其父母、妻子与兄弟都相继死去，只剩下一个妹妹，他本人也饱受凌辱，历尽酷刑。 然而，在这种几乎毫无生还希望的绝境里，弗兰克尔却依然坚信生命的意义，并保有活着的希望，最终活了下来。 他以一个平凡生命的力量，承受了一般人无法忍受的痛苦，然后又不至于消沉下去，反将自身经历坦然与众人分享，以烛火之微光照亮黑暗，正印证了那句话"世界以痛吻我，我却报之以歌"。

　　弗兰克尔在纳粹集中营的经历以及由此而引发的关于灵魂、生命意义的思考，足以令人震撼，让人深思。谈到生命的意义，那必然需要首先了解生命的存在这一初始问题。弗兰克尔的意义疗法，赋予了"存在"一词三个含义：一是存在本身，如人特定模式的生存；二是存在的意义；三是对个体存在之意义的追求，即对意义的追求。对很多人而言，生命的意义包含着从生到死、受苦受难这一更广阔的循环，而这一过程中人活着的普遍困扰，便在于"存在之挫折"。人们在上述三个过程中遇到的困境又无外乎三个方面：一是对物质生活不满意；二是生命意义的虚无感，即精神生活的空虚；三是在追求生命意义过程中所遇到的困难与打击。心理疾病的发生，几乎都源自上述三个方面，而解决问题的根本途径，便是重新引导病人，发现生活的意义和活下去的希望。而活着，是一定有意义的，这便是维克多·弗兰克尔在书中提及的"意义疗法"的全部核心。

　　首先是物质的缺乏。我们应该明确关于人生意义与物质这两者关系的正确定义。人生意义的实现，绝不局限于获得金钱、财富、名声等纯粹逐利性的物质。金钱，只是实现生命目标过程中的附加产物，或者是帮助你实现人生意义的媒介，而不应该成为目标本身。金钱所带来的快乐，永远是肤浅的、短暂的，还会导致自己的灵魂变得空虚。金钱，仅是维持生命形式存在的必需品，而不是追求生命意义过程中的目标物。权力、名声，从本质上说也不过是金钱的另一种形式而已。对生命的意义的追求，应包含对爱、道德、美等的追求，由此获得灵魂、心灵上的满足。这是一种圆满的幸福感，一种单纯的快乐与享受。正如弗兰克尔所言："快乐是（而且一直是）一种附加品，如果这种附加品成了目的，反而会受到减损。"

　　其次是存在之虚无。这是当今社会普遍存在的现象与问题，即人们普遍缺失对于生命意义的理解及更深层次的领悟。 从叔本华的否定生命意义的悲观论调，到萨特对"自在存在"的否定，在本质上都是对"生命的意义"的否定。 当今社会，金钱主义和享乐主义似乎成了娱乐媒体标榜的人们所应追求的"品质生活"，成了生命意义的唯一主宰，殊不知这种价值观正是人们缺乏幸福感、使命感的罪魁祸首。 而自私与贪婪，带来的永远只会是痛苦与空虚，然后使人们盲目而麻木地将自己投入工作中，希望能够以此得到慰藉。 则这种生活注定会像叔本华描述的那般：人注定要徘徊在焦虑和厌倦这两极之间。 我们需要明确的是，工作、事业，绝不仅限于我们日常的工作或个人从事的事业。 我们更需要发掘的更为重要的生活的事业，是你自己内心真正喜欢的，这种事业，应该涵盖你的空余生活及整个生命历程。 工作，只是获取生活保障的一种途径，当然，如果你能从工作中获得意义与乐趣，那你无疑获得了直通幸福大门的钥匙。 但我想强调的，是心理、灵魂、思想方面的有所成就。 例如，利用空暇时间品读完一本著作，游玩世界各地的名胜古迹，帮助自己在乎的人实现愿望，等等。 这样的事情，一定是你所看重的，不受旁人影响并且贯穿你整个生命历程的事情。 而在完成这些事情的过程中，你的内心是满意的、开心的。这才是生命意义的体现。

　　最后是追求过程中的不易。 我们要明白，人生的意义，不是完成目的后才会实现的，而是在追求这一目的的过程中你所领悟及感受到的。 就像旅途的美丽，不在于终点，而在于旅途的过程。 目标完成后的幸福感，其实是非常短暂的。 而为达到这一目的而努力的过程，则需要你用整个身心去感受、领悟。 弗兰克尔虽然在书中没有专门进行阐述，但是他显然也意识到了这一问题。"不要只想着成功——你越想成功，就越容易失败。 成功就像幸福一样，可遇而不可求。 它是一种自然而然的产物，是一个人无意识地投身于某一伟大的事业时产生的衍生品，或者是为他人奉献时的副产品。"幸福总会降临的，成功也同样。

这本书，对于生活在痛苦、空虚、无助状态下的人来说，确实是一剂特效良药，值得每一个人去阅读，去思考生命的意义。 同时，我们不应该去追求那种广泛的关于人生意义的答案，而需要因人而异地进行自我探索，因为每一个人都是独立存在的个体，每一个人所呈现出的人生状态也是不同的，因此他对于人生意义的理解也会不同。 对于生命、幸福的意义，我们需要有自己的答案，也要找寻到属于我们生命的特殊意义与自己的幸福标准，并遵循着内心去领悟幸福。 这也是人这一生中被赋予的最光荣而又最艰巨的使命。

读《苏菲的世界》，感"命运"

文/鲜鹏

　　宿命论的意思就是相信所有发生的事都是命中注定的。 我们可以发现这种思想遍布全世界，不仅古人这样想，现代人也一样。

——摘自《苏菲的世界》

命运啊，你究竟是什么

　　"命运"一词总给人一种有预谋的感觉。 那命运到底指的是什么? 我认为:

　　命，是一种物质结构，小到建筑，大到生活环境或是行星宇宙。 这是由先前因素决定的，一旦格局产生，结构便形成。

　　运，是一种能量存在，是影响物质变化的东西。 存在的能量，会受到物质结构的影响，又会影响到物质结构的变化。

　　命运，自然而然，就是指能量存在和物质结构的相互关系和相互作用。

命运是否早已决定——驳斥宿命论

命运，在我们的生命存续期间俨然就一直存在着。但是，它不是人们无法抗拒、无法撼动、无法把握的"宿命"，而是可以随着我们自身的本心和行为的变化而变化的存在。我一直认为，人生既然是由自己创造的，那么能够改变命运的也只有一个人，那就是自己。这其中包括自己的内心，自己的意志，自己的决定，自己的行为。

例如，车在使用一段时间后最终必然会报废，这的确是车注定的命运，然而车的合理使用却可以在一定程度上延长其使用寿命。类似地，人也会遵守自然界的客观规律，最终慢慢死去，这是人注定的且难以更改的命运。但这只是从生到死的注定，毕竟过往不可改变，时间难以逆转。然而没有人可以否认，人能够在生命的过程中通过合理改变生活态度和生活方式来延缓死亡结果的到来。

正如车是人开的，人的命运也是由自己掌控的，而对车进行保养好比人在自我意识主导下对命运的正确把握。从内心想法改变的瞬间，我们的人生随即开始发生变化。甚至新的意志、决定、行为一旦产生，以前的恶性循环就会崩塌，良性循环随之逐渐形成。所以，人的命运不像被铺设的铁轨、被改造的沟渠、被设定的航线那样是事先确定的，而是可以根据自己的意志和行为发生变化的。

人越年长，越相信宿命是可以用科学解释的

有种说法很盛行：人从呱呱坠地开始，命运就已经注定。年龄越大，阅历越丰富，对这一点看得越透。他们觉得人生如戏，早就有编剧写好了

剧本，甚至连台词都可以半分不差。

其实，心理学上的一个著名词汇"习得性无助"可以对此做出很好的解释。随着年龄的增长，那些容易被人们解决的问题，可能早就被解决了。另外，对于有些目标或梦想，人们虽然希望能够实现，但却总是失败。如果总是得不到或做不到，自然就得找个理由来抚慰心灵。这个借口，当然就是怪自己命不好喽。最后，就有了大家常常听到的宿命。

人们其实也不是真正地相信宿命，他们只是需要一个在面对失败时的借口。

一个人身上有百兽的种子，有狼，有鹿，有狐，有兔；智慧的人，要么为龙，要么为象。

而真正的龙和象，是不会轻易相信宿命的。

命运纵使有生命，敢使命运低下头

在漫长的生物进化史上，是生物的神经元系统更复杂，还是命运的运行结构更复杂？是地球的生物进化史更长，还是命运存在的时间更长？

命运的运行结构，在漫长的时间长河中，是否早已形成了类似智慧生命的意识呢？

如果是，那么命运又是怎样看待我们这些"夏虫蝼蚁"的各种自以为有意义的行为呢？

命运是否在我们看不见的地方默默地注视着我们每一个渺小的个体？而我们人类，又如何从命运手中，争取自己想要的东西呢？

我们是选择静静地顺从，得过且过，还是去相信先贤的箴言——人定胜天？

每个人都应该是自己的命运之神！如蝴蝶效应一样，我们现在做的每一件事，都会影响我们自己的未来。我们的每一个选择，每一个步伐，都决定了自己和他人的不同，而这无数个不起眼的选择和步伐组合起来，便形成了命运。

或许，从来就没有命运，有的，只是选择。你选择怎样的生活，你就选择了怎样的命运。

生而贫穷，命运依然可以改变

有人说，别人轻轻松松就可以得到的东西他却要苦苦拼搏多年之后才可以暂时拥有，凭什么一个人出身的不同，就可以影响甚至决定人与人差异悬殊的一生。

其实，这说明了一个看似很不起眼实际上却异常深刻的道理：人得为他的过去负责。换句话说，过去是能够影响现在的。

很简单，对吧？可为什么换到"富二代"身上，我们就觉得不公平了呢？

因为"富二代"的父母很富有，所以他们才可以过衣食无忧、锦衣玉食的生活，这很公平嘛。因为他们的父母努力过，所以他们可以比同龄人过得更好，这也是合理合情的。同理，如果你小时候就努力学习，从小学到高中一路拼搏下来，就有可能考上好大学；如果你在大学期间勤勤恳恳、认真学习各种专业知识，那你大学毕业之后就有可能找到一份好工作。这只不过是过去的努力和拼搏对现在的生活状态应有的贡献。我们不应该无视这种生活对于人们努力的馈赠。

富有的人，他的爸爸可能富有，他的爷爷甚至也可能富有，但总可以追溯到不富有的那一代。出身不好不应该成为一个人放弃努力、丧失进取心的借口，而应该成为一个人激发斗志、追求梦想的励志苦胆。

或许有的人明白这个道理，只是在面对变化时，他们心中总有一些恐惧。

所有的生命普遍都有这样一个特点：尽力维持自身的习惯不变。人们对习惯的依赖程度不同，其命运轨迹也不同。

伟大昆虫学家法布尔曾经做过一个世人皆知的实验，即毛毛虫实验：他把许多毛毛虫放在一个花盆的旁边，让它们首尾相接，绕着花盆形成一个圆圈，并且在靠近花盆不远的地上，撒了一些毛毛虫喜欢吃的松树叶。毛毛虫们开始绕着花盆的边缘一圈又一圈地爬，一小时、一上午、一天相继过去了，这些毛毛虫还是不停地绕着花盆的边缘爬着。几天之后，它们最终因为精疲力竭而陆续死去。法布尔在做这个实验前曾经有过这样的设想：毛毛虫一定会最终厌倦这种毫无意义的绕圈，然后转向它们比较爱吃的松树叶。令人遗憾的是，这群可怜的毛毛虫并没有这样做。

可见，习惯影响命运的走向，只有努力改变原已形成的习惯才有可能改变命运的轨迹。

人为什么要努力？这个问题我以前想了好久。有人说，是为了不把这个世界让给他所鄙夷的人。也有人这样真情流露：不能让我成长的速度慢过父母老去的速度。还有人坦言是为了追求更美好的生活。可我一直不太满意这些答案。直到读了《苏菲的世界》，遇见了作者对命运的阐述，我终于眼前一亮。唯有努力，我们才可以改变原有的习惯，打破陈旧的思维定式，然后拥有更多的主动权和选择权去改变自己的命运啊！

诚然，不是所有的努力都会得到令人满意的回报，甚至有些人的成功只是由于不错的出身，很好的运气。然而对于那些想要挣脱命运的枷锁，摆脱卑微出身的人来说，就不得不通过个人的努力，时刻保持对原有习惯的反省，然后在这种反省中获得进步。

记住，即使身为微末凡尘，也要心向天空，终有激荡天下之日！

把苦难熬成温柔

——读《平凡的世界》有感

文/杨蔷薇

海明威说:"这是个美好的世界,值得我们为之奋斗!"

路遥先生倾注毕生心血,著成此部气势恢宏的长篇小说。小说以孙少安、孙少平两兄弟的成长以及人生道路上的不同选择为叙述主线,讲述了双水村的人们在自己平凡的世界里过着艰难且不平凡的生活的故事。曲折的故事情节扣人心弦,悲剧性的结局令人悲戚。合上这百万字的大作时,我仿佛也和当年走出农村,来到黄原的孙少平一样,看到了更辽阔的世界。

书中的最后一卷这样写道:"青年,青年!无论受怎样的挫折和打击,都要咬紧牙关挺住,因为你们完全有机会重建生活;只要不灰心丧气,每一个挫折就不过是通往新境界的一块普通绊脚石,而绝不会置人于死地。人啊,忍、韧、仁……"

人啊——忍、韧、仁……

忍——生命与漫长岁月的厮磨

人啊，经营生活，经营幸福，靠的不单单是一时的热血和激情，而是在漫长岁月中的坚守、忍耐。

"少安哥，我愿意一辈子和你好！"润叶是给我留下深刻印象的女性角色之一，美丽、温柔、知性、善良、敢爱敢恨。记得她是友人最喜欢的女性。友人曾说，润叶是把她所有经历过的苦难都变成了温柔和顽强的女性。接受李向前，有委曲求全，有愧疚，也有懦弱，但更多的是因为她的温柔和隐忍。她让我明白除了爱情还有生活，这才是人生。

秀莲是一个完美的妻子，不要彩礼钱，不嫌弃孙家穷家薄业，一生只为丈夫付出。开始读小说时我认为少安就应该和两小无猜的润叶结婚，爱情嘛，就应该轰轰烈烈一些，为什么要被阶级和穷富所羁绊。但越往后读，我就越被秀莲的付出和隐忍所打动。她和少安那揉进细碎生活里的情感，那种漫长岁月里的忍耐和付出，虽最为平凡，但也最为深刻长久。

"不必见怪，不必见外！"与润叶、秀莲咬牙忍耐的性格截然不同，田晓霞充满生命力与战斗力，极富智慧且有远见卓识，拥有独立自主的爱情观。她是新时代独立女性的典型代表。她怕少平养成庄稼人安于世事的习惯，时时寄书给他。她释放她的天性，守护她的爱情，为她的掏碳丈夫感到骄傲。歪着头的微笑，野花，古塔山，杜梨树，大牙湾，在泪水中交织、模糊……我对田晓霞奉献自己的生命去救人的原因并没有感到很意外，却不能理解为何作者要为她安排如此仓促而悲壮的结局。可能她太过罗曼蒂克，可能她太过理想主义，与这本书整体的朴素氛围不协调，作者害怕她不能忍耐这漫长的岁月，所以才给她这样的结局。

如果说孙少安、孙少平是《平凡的世界》里的灵，那么这三位女性便是书的魂了。无论是忠心付出的家庭主妇，还是追逐爱情失败最终向生活妥协的普通教师，抑或是一腔热血、竭尽孤勇的女子，不都是我们女性最真实、最平凡的写照吗？是啊，她们活出的人生，最为平凡，最为真实，也最为可贵！她们过着平凡且苦难的一生，却用绝不向生活妥协的热情与几千个平静如水却暗藏汹涌的日子厮磨、斗争。这漫长的岁月，对于她们来说，无畏亦无惧！

韧——突破命运藩篱的强者

"生命里有着多少的无奈和惋惜，又有着怎样的愁苦和感伤？雨浸风蚀的落寞与苍楚一定是水，静静地流过青春奋斗的日子和触摸理想的岁月。"

在那里，贫穷的生活就像是黄土高原上漫长的严冬，把人逼得毫无退路。因为贫穷，自尊心极强的少年只得去吃连丙菜都算不上的残羹剩饭；因为贫穷，少安没有勇气选择青梅竹马的润叶；因为贫穷，那片上空萦绕信天游的黄土地，也只剩苍凉和悲壮……

而亲爱的人们，我想说的是，贫穷并不可怕，可怕的是被它吞噬，可怕的是接踵而至的意志消沉、沉溺于现状的无所作为。路遥的描写是深刻的，劳动使人的心灵从繁杂的生活中得到解脱，简单而繁重的体力劳动使得人和自然的关系变得直接，人也更能从劳动中深刻体会生命本身的意义。

"钱当然很重要，这我不是不知道；我一天何尝不为钱而受熬苦！可是，我又觉得，人活这一辈子，还应该有些另外的什么才对……"孙少平在黄原工地上说的这些话让我再次感到，他已经从当年那个过分强调自尊的懵懂少年向坚韧无畏的青年转变了。

从双水村到黄原，从教师到掏碳工人，在那些无比艰辛的日子，书本带孙少平走向了更加辽阔的世界。从《钢铁是怎样炼成的》到《参考消息》，再到《牛虻》和《白轮船》，在身体变得愈加坚韧的同时，他的灵魂也得到了升华。

孙少平意识到：人的一生，不应只为三餐而活！只有通过读书，一个人才会更加了解这个世界，才会对人生看得更加深刻，才有可能对自己所处的艰难环境有更高意义的理解，甚至会平心静气地对待欢乐和幸福。

是的，我到现在依然能清晰地看见那个渴望发光的少年形象。那个带着忧虑和犹豫却渴望凭借自己手中的刀剑执杖天涯、挥斥方遒的青年，就如蒲苇一般强韧，任凭风雨侵蚀，也毫不放弃自己内心的小小理想。虽然我至今仍想不通他为什么最后选择回到大牙湾去当挖煤工人，但是，我想，那里必定有他所热爱的一切：有拼命劳动换来的工资和荣耀，有惠英嫂的温存，有明明和小黑狗的陪伴，有人世间悲喜欢愁的缩影……大概人生本就不完美，而他却一直在用不完美的人生书写着他的平凡。

孙少安跌宕起伏的创业史，孙少平在工地上、在煤矿里的一条条血痕和伤疤，都告诉着我——人的生命力，是在痛苦的煎熬中强大起来的。而熬过这千千万万个如流水般平静却又如烈火般炙热的日子，靠的就是身体里那股子韧劲。苦难会降临到你身上，是因为上天要把你的心志磨砺得更加坚强，让你更快地成长起来。苦难对于一个拥有韧劲和迫切需要成长的人来说，是极有益的。

世界是多么美丽啊——五彩缤纷，充满未知，但也残酷。当生活不断向我们施加强压与苦难时，作为和少安、少平一样的青年，我们也应当靠着无所畏惧的信心和坚不可摧的韧劲，坐在谈判桌上以热血青年的名义和世界谈判，和人生博弈。

仁——用平凡诉说的人文关怀

　　路遥这部现实主义巨著，因其特有的时代背景和社会背景，读来可能不易接受和理解。也正如评论所述——这个时代喜欢轻松和美好，这个时代不喜欢艰深苦涩的路遥。此外，评价一部文学作品的好坏可以从其社会价值和文学价值两个方面进行剖析，而《平凡的世界》则是社会价值远远大于文学价值。有人甚至说其文学性极低——写作手法单一，人为支配情节过于明显，人物性格有些扁平化……

　　但是，文章合为时而著，文学作品是极具时代性的。在那个年代，不就是需要"艰深苦涩"的路遥去书写亿万劳动人民的内心世界吗？他们需要路遥，路遥也需要他们！就我读来，书中字字句句，无不诉说着路遥的人文关怀。无论是想要走出大山、读书从业的少平，还是白手起家的创业者少安，抑或是仁民爱民却又失意的田福军。作者真实而深刻地刻画出一个个鲜活的血肉，让人感受到仿佛他们就是你身边的某一个人，甚至就是你自己！

　　而一部优秀的文学作品不仅仅是指文字的华丽，也包括作者对它的精神赋予。路遥用此书把人的脆弱、坚强、善良、温柔等剖析得如此干净透彻，也表现出其"仁"的一面——他赐予他们生活的艰辛和苦难，却又赋予他们坚不可摧的毅力；他让他们身陷贫困的环境，却又给了他们最宝贵的为家庭和家人而奋斗终生的初心！

　　好的作品必须经得起时间和大众的检验，而《平凡的世界》直至现在依然对中国一代代青年产生着深远的影响。将书翻至卷尾，作为当代大学生的我，体悟到的是如何去把握自己的一生，如何在劳动和创造中去实现自身的价值，如何成为一名有责任、有理想、有担当的青年！

　　贝多芬曾说："痛苦能够毁灭人，受苦的人也能把痛苦毁灭。创造就需苦难，苦难是上帝的礼物。 卓越的人最大的优点是——在不利与艰难的的遭遇里百折不挠。"

生活总是充斥着纠结与挣扎，而现实与精神的双重痛苦常常使人彻底堕落。 只有在一次次的打击和重压中还能岿然不动，坚定把握住生活这辆马车的缰绳的人才是真正的强者。《平凡的世界》告诉我的恰恰就是——即使没有月亮，心中也是一片皎洁。

音乐人朴树十年前曾说，生要如夏花般绚烂，而十年一番风雨人生路后也只能感慨"平凡才是唯一的答案"。 路遥用一生心血教导着我——平凡不是说让你默默无闻，而是面对生活的百般荣辱，你还能踏踏实实地活着。

由乡土文学说开去

——读汪曾祺与其他几位作家作品有感

文/郑骅

乡！

这是一个和母爱一样宏大艰深的题目，像喜马拉雅山一样，一面吸引着无数人"噫吁嚱"，一面又仰而不止地攀登——有人讴歌家园，有人憎恶故乡；有人把灵魂锁在屋里看肉体远行，有人在秋雁和春燕间变化不停。在乡土这永恒的自留地上，有人破土而出，有人亭亭玉立；有人殉葬，有人招魂；有人是欢歌的萨满，有人是寂寞的守墓人。无论我们做什么，乡土都是我们永恒的背景。

乡土文学，或许更专业的术语叫作"寻根文学"，可这读书笔记毕竟不是学术论文，我也没有造诣去探讨一种文学体裁的兴盛与衰落。我只是一个普通的读者，在有限的阅读经验中，竟然有幸遇到几位好友，他们带我从高邮的淖泊走到东北的呼兰河，又走到阿勒泰的冬季牧场。我辗转在这幅员辽阔的土地上，走入大地的皱褶，隔着一页纸的距离奔波往返于我那未曾谋面的"故乡"——这个过程是如此令人陶醉，以至于我屡屡尝试记录下这种陶醉时总是失之鲜活……唉，我笔头粗笨，下面的文字实在谈不上精辟和深入，只有诚恳的细碎，若是你有时间，不妨允许我和你聊一聊吧。

胡萝卜拔不出自己

2010 年，英国广播公司（BBC）采访 70 岁的高行健，问漂泊了一生的他有没有"落叶归根"的想法，高行健回答"确实没有"，理由是全球化的时代已经来临——"我认为海外生活的华人，最好在哪里生存就在哪里生根，无处不可以生根。 当然和中国文化血缘的联系也不要隔断，因为这是一个丰富的资源"。

2012 年，莫言获得诺贝尔文学奖，他在斯德哥尔摩发表的获奖感言中的第一句话就是："通过电视或网络，我想在座的各位，对遥远的高密东北乡，已经有了或多或少的了解。"

一个"逃离"乡土 23 年的人，在 70 岁时，还要尽力澄清"根"的含义，这太有趣了——逃了数十年，到头来在别人眼里连"落叶归根"的成语都没逃开。

"乡土"是一种被民族性层层包裹的意象。 所谓入芝兰之室，久而不闻其香，当你一呼一吸之间早已浸淫其中时，哪怕你可以逃离，也总会有一个瞬间、一种味道、一个地方、一个梦，让你陡然发现原来故乡一直如影随形，就像胡萝卜没法把自己从大地拔起。 你可以叫它西西弗斯式的宿命，也可以称其为朴素的真理。 总之，拔地而起的逃离不是我今天想说的主题，我想与你分享的，只是几个拥抱大地的胡萝卜。

泥巴里的星辰大海

"不幸"的是，我先看的汪曾祺的作品，后看的沈从文的作品，和《受戒》相比，《边城》给我的印象就只有寡淡了……

汪曾祺的短篇作品，玲珑又朴拙，疏朗又浓郁。《异秉》简直没有情节，结尾还有点俗，但就是让人觉得有"小说味"；《侯银匠》里的人物其实刻画得相当粗浅，但仅一句"夜半钟声到客船"的引用，那种寂寞的黯淡感就突然穿透了你——让人完全了然于胸并且难以忘记；对于《薛大娘》《辜家豆腐店的女儿》里体现的价值观，世人恐难以接受，但汪曾祺的文字犹如一盆清水，浸润擦洗后，粗劣的外壳即被剥开，让人看到里面的令人感慨的内核；《受戒》和《大淖记事》，读多少遍也不会令人腻倦，更不用提他的散文了，满纸水墨晕染，偶尔夹携着几处精雕细琢的短句描写，像他写的《荷花》与《葡萄月令》，若是从文法来讲，似乎是小学生的习作，可碎碎念的短句慢慢读来，每一句几乎都会摄人心魄——他就是有这样一种魔力，带你行走在田间路边，手指点染之处就能春风化雨，随手捡拾一块土坷也能窥见那一沙一世界里的星辰大海。

那么这是为什么呢？

比较沈从文与汪曾祺时，我渐渐发现，之所以对沈从文的文章没有感觉，不是他写得不好，而是读《边城》或许并非一个好的入口。 他俩是优秀的短篇大师，可篇幅一旦拉长，正如工笔画不了长卷，那些小格局见天地的技巧与气氛铺展开来往往显得淡薄而贫乏。 而汪曾祺的作品之所以能给我留下更深的印象——如小说《受戒》——或许在于汪曾祺添加了大量世俗细节，使其文章显得丰富锦簇又不致延宕乏味，而他更加随性的口吻和对相关情节更加收放自如的把握，也让《受戒》不会因为大量世俗细节的添入而产生丝毫的拖沓感。 而对于《边城》，沈从文把自己藏于天地间，作者、作品、读者间隔略远。 当然，更有可能是我只读过一遍，完全没有领略个中乐趣与奇妙。

好了，说过了文章的面子，让我们继续聊一聊文章的里子。

"我写的是美，是健康的人性"

我读的书虽少，但我依然觉得乡土写作非常重要。

当然，乡土的概念可以非常宽泛，农村、民俗、民风、方言、纪实乃至回忆都可以带有乡土色彩。我读汪曾祺的江苏农乡，读萧红的东北呼兰河，读李娟的冬牧场，读桑格格的蓉城，每每都感慨乃至唏嘘——我本不是那里的人，可是他们所描写的一切是那么富有力量，一字一字地冲击着我，让我的心也随着他们的笔触波动。

可我到底是被什么吸引了呢？真的是乡土吗？

的确，你尽可以用自然、淳朴、古拙等乡土特有的形容词去描绘这些文章，就像回答一道高考试卷上的"乡土阅读题"或"田园诗鉴赏题"一样。但我问你，描绘一个现实世界或一个旧世界真的是"乡土写作"的终点吗？汪曾祺作品中大量的民俗描写、文化描写的确是其鲜明的写作特色，可是我真正喜欢的还是其中蕴含的更深层次的东西，如人性。那些自然的、优美的、像植物一样从大地上抽枝生长出来的人性，可以是《受戒》里那种既温情又凉薄的人性，可以是《薛大娘》里那种底层人民告白性与爱的大胆又泼辣的人性，也可以是《呼兰河传》小团圆媳妇被生活凌虐的可怕又冷酷的人性。

真诚与狡诈、明亮与阴暗、温和与暴虐在同一个地方同时绽放，优秀的作家们所要做的，就是把现实做成切片，加以染色与放大，凝聚在一本书中。他们笔下的故乡不过是个布景，所有的细节都是凤冠霞帔，所有的民俗都是傅粉施朱，而最后踩着锣鼓声粉墨登场的，是"人性"。

谈及照亮"乡土"这个舞台的原因，首先——还有什么地方比乡土更能展露人性呢？在每个人的乡土世界里，他最初的样子总是能够流露得无所顾忌。其次，"乡土"或者"故乡"只是一个概念，每个人心中的故乡都是不同的，但那嵌入骨子里的相似性总能引起你的恍惚。最后，故乡是每个人心头的一颗朱砂痣，好的作家更是不会满足于仅仅去"记录"故乡，他们字里行间所流露出来的对故乡的感情，往往更加真挚。

所以，我永远记得汪曾祺在总结自己的小说创作时说的一句话："我写的是美，是健康的人性。"对美和人性的恒久追求，让乡土文学从烦琐的物质层面升华，有了自己独立的灵魂。

逃与离

前面我说过，"逃离"不是我想说的主题，但这其实是个伪命题，因为归根到底，对"逃离"的思考，是所有乡土文学的书写者自己都无法逃离的命题。

像汪曾祺的《三姊妹出嫁》，全篇万花筒般地叙述后，文末一句是："真格的，谁来继承他的这副古典的，南宋时期的，楠木的馄饨担子呢？"——这是谴责吗？似乎不是。是痛惜吗？似乎不是。那么是什么呢？似乎是一点遗憾，一种没有悲情的惋惜。同样地，李娟得知政府为了保护草场不再允许哈萨克牧人在冬天南下放牧，也就是不会再有冬牧场了以后，她的态度不是支持，也不是痛惜，而是一种迷茫与怀疑——草场没有牛羊的啃啮也就失去了生长的养分，可为了防止草场退化只得如此，到底这样是好还是不好？包括在《边城》中，沈从文对于这样美丽的边城，通篇的气氛也只是淡淡的怀念……你会渐渐发现，他们往往会有意无意地分开去思考"逃"与"离"，前者可能是鲁迅对于鲁镇一样的刻意，而后者，往往包含了一种被时代洪流裹挟的被动与惶惑。

坦白说，这些微妙的情感态度实在很打动我：我们年轻一点的人，对于农村、乡土的认识往往片面甚至偏激——在大多数的高考阅读题中，只要题材与乡土有关，一定不外乎对农村淳朴人性的讴歌、对自然生活的向往、对农村凋敝的关切，我们被要求的对乡土的理解高度是如此之低，以至于仅寥寥几个形容词就能揽尽分数。而在现实中，一方面是无数"凤凰男"迫切地想要逃离乡村，走出大山；另一方面是"大理""拉萨""丽江""墨脱""鼓浪屿""花莲"等标签化的自助餐厅，随手可拾的廉价的优雅。两者看似是截然相对的立场，可在"乡村凋敝"这件事情上，两者同样难辞其咎，甚至标签化的毒害更甚。

曾经是所有中国人安身立命之本的乡土，到了我们这几代逐渐支离破碎，被遗忘，被曲解。虽然，乡土的失落不一定是个纯粹的悲剧，但有些东西丢了总是令人惋惜，而说到底，我们这一代人应该如何重新认识乡土，我也不知道答案。我唯一知道的，是我们可以暂时回答不出，但决不能不回答，也不能二元分割地来回答。我相信对于这个问题的回答牵连到当代变革的根本，牵连到我们如何在当代寻找归属感，牵连到我们如何面对自己的过去又如何面对未来，牵连到我们在这样巨浪汹涌的时代里的自我定位——这值得我们认真思考与回答。

那么，最后，作为一个普通的读者，若是让我总结一下这篇太过冗长的读后感的"中心思想"，其实只是想向你推荐我认识的几个朋友，汪曾祺、沈从文、萧红、李娟，他们的文字值得一看，因为乡土是我们每个人生命中的元问题，而在他们的作品中所萦绕的情感，或许，隐藏着一种解答。

只要我们自己不"逃"，就算我们终将"离"乡土而去，故乡也永远不会"离"我们而去。它会永远在那里，跨越时空告知我们问题的答案。

若只如初见

文/吕肖敏

初遇你时，入影成诗

五千多年的传统文化，历史长河中口耳相传的动人故事，这些在我看来都是美的，想必这也是安意如把那句"人生若只如初见，何事秋风悲画扇"作为书的封面内容的原因吧。 读诗的时候，人是平静的，心灵却是沸腾的，这时我总会想起《一个人的朝圣》的封面那句话：有关自我发现、爱的回归、日常生活的信念以及万物之美；我们都需要他安静而勇敢的陪伴。 不忘初心，方得始终。

若是以前，在我遇见它之前，我可能还坐在教室里，和一群天真的小伙伴朗诵着语文课本，念着令人产生倦意的诗句。 和它们没有灵魂上的沟通，自然觉得无聊至极。 记忆最深的就是"春眠不觉晓，处处蚊子咬"。肤浅地，给这些诗句加上使人哂然一笑的内容。 直到第一次，2013 年，我无意间翻到这本书，看到了卓文君与司马相如的故事。 我记忆力不太好，一篇课文不知道要读多少遍才能勉强背下来。 可那次，我意外地在书店，小声读了一遍那首诗，从此再未能忘记。"一别之后，两地相悬。 只说是三四月，又谁知五六年。 七弦琴无心弹，八行书无可传，九连环从中折断，十里长亭，望眼欲穿……"或许是因其和谐的音韵美，又或是因为这奇女子的才华，这首诗从此刻在了我的心里。

烟笼柳暗，四年相伴

从我 13 岁起，这些诗歌就潜移默化地影响着我。

刚开始，我只是选取书中的一些句子，懵懂地写在笔记本上。 渐渐地，我开始给别人讲述我看过的故事，再后来，变成了讲述我对那些美丽的诗句和作者不一样的理解。 一点一点，那种热爱深入骨髓。

从息妫到鱼玄机，从班婕妤到王宝钏，让我真正醉心的，不仅是这些故事，更是我们中华文化那动人心魄的美。 有多久，我们沉浸于东野圭吾小说的悬秘，迷恋于郭敬明笔下有香樟树味道的青春，或是在外国文学的世界里遨游，时间太久了，我们都忘了回来看看，那最初的守候。 就像在我心中，昭明太子与慧娘的爱情，丝毫不输于马尔克斯那本被誉为人类有史以来最伟大的爱情小说《霍乱时期的爱情》。 不管世间再繁杂多变，在我心中，思念最初的样子，仍旧是"红豆生南国，春来发几枝。 愿君多采撷，此物最相思"。 想起何泽琼老师在《陌上行吟》一书中提到的，自由与爱情总是具有不可拒绝的诱惑。 与尊贵却虚幻的神权比起来，现实世界多么诱人。 假如真有来世，我愿生生世世为人，只做芸芸众生中的一个，哪怕一生贫困清苦，浪迹天涯，只要能心遂所愿，爱恨哭歌。

"纵豆蔻词工，青楼梦好，难赋深情"是我为之深深折服的一句词。我想，若是这句词出现在试卷上，一定又是一串串"生动形象""委婉含蓄"……而我，只想表达个人浅显的观点。 可笑的是，竟有一朋友，告诉我这是写爱情的。 读诗，最不能只知其一而不知其二。 这是心灵的旅途，理解得越多，旅行越精彩，目的地也会越远。 金主完颜亮南侵，江淮军败，动乱不安。 姜夔路过扬州，目睹了战争洗劫后扬州的萧条凄惨景象，抚今追昔，悲叹荒凉，追忆繁华。 国破家亡，何等悲凉。 纵有歌咏青楼一梦绝妙才能，也难抒写此刻深沉悲怆感情。 痛心疾首，深致慨叹。

墨尘人世，谷雨兰溪

后来，它里面许多与传统相关的思想深深地影响了我。

也许正因此，我的文字与大多数在城市的喧嚣里成长的同龄人相比多了一份成熟。 在"中国梦"全国征文大赛中，我写下自己对"茶"的特殊感受，成为唯一一个获得市二等奖的学生，并有幸见到了何泽琼老师。 那时候我想，我也愿如她一般，去研究中国传统文化的光辉之处。

高中的学习，似乎压迫着自己去背了太多的诗歌鉴赏的答题套路。 凄凉寂寥，雄浑壮阔，寂寞冷清，恬静优美，宁静安详，苍茫寥远……用固定的答题模式，去分析理解古代诗人的感情。 何等荒谬！人的情感百千错乱，相互渗透，岂是我们用这些浅显的、冰冷的词汇可以描述的，我们又怎么能心安理得去得到接近满分的分数，以彰显自己语文成绩的优秀。

愧疚了太久，终于等到我们学校的建校纪念日，我很认真地为它写了一首诗："百年文翁，千年石室。 汉阙望楼，红墙碧瓦……"

从那以后，我又重拾了当初对诗歌的那份念念不忘。

倚天照海花无数，流水高山心自知

——读《瓦尔登湖》有感

文/刘俍坤

人既然那么牢牢地在大地上扎了根，为什么就不能同样恰如其分地升到天空中去呢？

生根是于沉默中积淀。当一个人在远离世俗的荒野立足，甘于黑暗和孤独，在看不到阳光的深渊里一头扎向谷底，他便汲取了被污染得最少的养分与精华，于是灵魂便生长到了溢满阳光的世界。

在 19 世纪工业化浪潮席卷资本主义世界的背景下，梭罗能够特立独行，遵从内心的呼唤，远离飞速工业化的城市，在波光粼粼、霞光惊艳的瓦尔登湖畔隐居，用木头建造小屋，靠一点点微薄的收入来维持最为简单的生活，种豆苗，和偶遇的过客交流并倾听穷人们的心声，把瓦尔登湖的风景和深思熟虑的哲理记录在笔下，已然是他对自己生活方式充满勇气与智慧的选择。

为生活做减法

从直面自然中感知自我，吮吸生活的精髓，把生活逼到一个极致，不断简单化，这是作者隐居生活的写照。他从湖畔的人家里借来一柄小斧，在大雪飘飞的冬季森林中与云雀、小鹩为友，为自己的木板房砍伐着白松，休息时坐在森林中，啃着涂了黄油的面包。在一个个头顶星空的夜晚，在炉火边，他面对着自己的孤独沉思，思考人类终极而原始的哲学问题，思考生活，或者思想本身。

人类社会发展至今，我们远离了自然的泥泞和尘埃，走出简陋的洞穴草房，用钢筋混凝土浇筑出了城市。千万条电路、光缆、管道构成了错综复杂的城市网。我们走在硬化的城市道路上，不再担心下雨天会一脚踩在泥里而狼狈不堪。我们坐在体面的交通工具中，行色匆匆为生计奔波，开始"关心粮食和蔬菜"，为"面朝大海春暖花开"的房子燃烧生命和激情。很多人以梦想作为生活的代价，日复一日苟且在这迷宫般远离森林、湖泊和星空的工业城市。

"即使最聪明的人，活了一世，他又能懂得多少生活的绝对价值呢？"当我们用梭罗在书中提出的这个问题，询问同样生活在城市中，在旁人看来也是小有所成的长者，什么是生活的绝对价值时，他们可能会用自己毕生的经验回答：为了获得足够支撑自己幸福生活的金钱和地位。但正因为他们的睿智，所以他们不会把一部分条件当作问题的本质去回答，而可能会短暂的沉默后说：生活是享受和自由。

住在宫殿里的文明人不一定比洞穴里的野蛮人富裕。野蛮人的洞穴温暖而舒适，文明人的宫殿同样温暖而舒适，前者砍伐少许的木材，采集稻草编成席子铺在屋顶遮风避雨，而后者，往往把对更好的生活层次的追求，误认为是生活的绝对价值本身，花了几十年的时间和心血得到了这样一个宫殿——沦为了物质的奴隶，毕生都在为物质服务，被物质所捆缚。他们希望获得更多的东西，却离享受和自由越来越远，以为自己掌握着所有的价值，不曾想反而离生活的价值越来越远了。

在此而言，如书中所说，年长并不一定都好，长者有时甚至连指导年轻人的资历都不具备，因为他在岁月里失去的比得到的要多。

梭罗说："我宁愿坐在一只南瓜上，为我一人所独占，也不乐意跟大伙儿一起挤坐在一个有天鹅绒坐垫的椅子上。我宁愿坐在一辆牛车上走天下，来去自由，也不愿意搭乘什么花里胡哨的观光游览车飞向天空，一路上呼吸着污浊的空气。"

的确，人们赞赏并被认为成功的生活，也只不过是生活中的一种罢了。我们为何要夸大一种生活，贬低另一种生活呢？

当大部分人都认为富裕、奢侈是最好的生活方式时，也并不妨碍看清生活本质的人们选择自己简单、自由的生活方式，在享受和自由中奋斗，在求索和节制中奋斗，懂得权衡取舍，知道自己所需要的远不如富裕、奢侈那般复杂。生活的价值是回归它的本意，而不是在欲望的道路上迷失自我。

一个人越是能放弃一些东西，越是富有。

为思想做加法

梭罗把自然作为人感知的对象，人的精神家园与归宿，批判了工业文明快速发展所导致的精神世界荒芜，有先见性地提出工业与生态和谐进步的自然哲学。他的先进理念，造就了百年不衰的经典名著《瓦尔登湖》。

当他独自一人在湖畔度过近一千个夜晚的时候，梭罗必然面对的是孤独和沉默。当一个人在孤独和沉默中面对自我时，他才能离自己的思想如此之近。

外化的物质世界中，无论是尊贵的帝王，还是落魄的流浪汉；只要他们脱去自己的衣服，站在澡堂里，躺进棺材里，人们就无法区分他们的身份的高低贵贱。"你给稻草人穿上你最后一件衣服，你自己不穿衣服站在旁边，哪一个经过的人不马上就向稻草人致敬呢？"梭罗如是说。 衣服的本质，是用来保暖御寒的，如今却变成了一个人身份地位和财富权力的象征，从某种程度上说，这何尝不是一种悲哀。

一个智者，即使贫穷到衣衫褴褛，也依然无法阻止他内在的气场所散发出的光芒。 他明察真理，洞彻世间一切本质，不被任何多余的物质世界的欲望所约束，精神世界依然充满了本真和自由。

住在木桶里的第欧根尼连房子也不要了；范仲淹年少求学时每天分冻粥而食；李嘉诚多年带着一块西铁城旧电子表……又有谁可以用世俗的贫穷和富裕的观点去评判他们的生活？

当物质被当作评定一个人的全部准则时，这个人便是一切阶级里最为贫穷的人。 他拥有物质，拥有财富，并且通过自己的物质和财富给人留下了深刻的印象，唯独不是自己带给了这个世界和他人什么。

"而有了思想，我们可以在清醒的状态下，欢喜若狂。 只要我们的心灵有意识地努力，我们就可以高高的超乎任何行为及其后果之上。"唯有劳动的汗水、思想的火花才是人类进步的最强大的推动力量。

在人类永恒的苦难中，思想的高度使得我们免于昏睡在阴冷肮脏的泥潭，我们看着永夜的星空，保持着方向上的清醒，我们睡得再沉，黎明也不会将我们抛弃。

一个人的富有，绝不是抛开思想的浅薄而仅仅去谈物质的丰厚。 正如斯宾塞的诗中所言："最崇高的心灵，最能怡然自得。"

心中的瓦尔登湖

我们生活在一个"瓦尔登湖"正在逐渐干涸的时代，在太平盛世的图卷中，"天下熙攘，利来利往"的落款，让梭罗小小的木屋渐渐无立锥之地。

多少立誓忠诚于理想信念的官员，在物质的诱惑前放弃了道德底线，给自己的精神做了减法，获得物质上的享受的同时，也为自己打造了一幅金银的镣铐，成了物质的奴隶。当权利受到他们的私欲腐蚀的人民审判他们的时候，他们痛哭流涕，懊悔不已。然而懊悔和痛哭的人，总是一波接着一波。多少有着大好光阴却肆意挥霍，永远不肯和书本相伴的青年朋友，每天翻看着移动设备中的消息，把时间一点点地消磨殆尽。他们没有时间去劳动，更没有意愿去学习和思考，遑论给自己濒临干涸的思维湖泊引入清流。他们生活着，却从没有担忧过自己是否真的活过……

这也是一个最好的时代，我们承袭了前人智慧的果实，站在巨人的肩膀上思考，即使在生活中没有瓦尔登湖，但在每个人的内心深处，必然有一处波光粼粼的林中湖泊，洁净而本真。当我们站在湖边的山峦上俯视众生，我们看到了遍地滚烫的黄金和充满剧毒的鲜花，向我们发出充满诱惑的邀约。

当我们收回目光，面对自我时，仿佛我们需要的，也只是一柄小斧，一块豆子地，一间木屋，一片洁净的湖泊而已。不觉间便也领悟了曾国藩那一句"倚天照海花无数，流水高山心自知"。

太阳终古常新。抛弃偏见，无论何时都不会太晚。

诗中且有山水

——读《古典之殇》有感

文/杨蕊嘉

"这是最好的时代,这是最坏的时代。"

这是著名的《双城记》的开篇,《古典之殇》亦引用此句起笔。从这里出发,笔触逆流而上,回溯中华历史,越过浩帙鸿篇,问汲于诗词,找寻在这片茫茫大地上曾经充盈的山水之灵、草木之德。

爱君笔底有烟霞。书中旁征博引,字句雅致,跃然纸上,使人读余口齿留香,但这看似轻盈的文笔背后,也在发出振聋发聩的万钧之声——忆古伤今,那个在古人诗词中天光明澈、风物沐沐的大自然,是否终将只存在于旧时,只存在于枣梨黄卷的记载中? 正应了开篇那句,在这个最好的时代,信息奔腾,千帆竞发,人们沉浸在现代化带来的便利中。但人们也时常忘记这是个最坏的时代,黄钟弃毁,蝉翼为重,人类的掠夺使得古老的秩序和大自然的天然逻辑被破坏。

这是一本有关古诗词的书,更是一本有关中华自然精神美学和心灵家园的书。 著书人细数古籍中的自然风物,字字珠玑,句句铿锵,化作晨钟暮鼓警醒读者。目光凝于纸页,只听得心底木铎声响,呼唤自然。

景

那是一个午后，偷得浮生半日闲，展开书卷，一幅古典山水画便呈现在眼前。

中国古时的自然之景，该是如何？

说那山，不是金山银山，而是我们心之所向的绿水青山。

说那水，书中道"流动之水——可曰泉，曰溪，曰瀑，曰江湖"。

以泉为首，便是先论古时的泉。古人喜茶，泉水便是用于烹茶的一种重要水源。书中谈及清人陆庭灿精识岩茶之妙，在《续茶经》里叙述茶与泉水水质的要义："山厚者泉厚，山奇者泉奇，山清者泉清，山幽者泉幽，皆佳品也。"作者也道"茶如君子，有洁癖，择水苛于择友"。古时精致的品茗是一门风骨艺术，而清醇的旧时泉水不愧负天下杯盏，为茶道更添芳华。

但作者又笔锋一转："我倒为陆氏门徒忧心起来，若活至今，莫非当绝茶断饮乎？君不见江河色变，水华尽殆，即便依庭灿所嘱，汲水时跑远一点，'须遣诚实山僮取之，以免石头城下之伪'。可如今从任一城池出发，方圆百里，恐难觅一活泉。"

"尘嚣甚上，真水绝矣。"读至此处，心中犹如艨艟遇激流，久久不能平静。这看似柔情追忆诗中山水的文字，实则是一阕悼词，悼念清澈的野水，悼念与水一起渐渐消逝的大美自然之景。而在这座殇碑上，不仅有清澈的水，还有夏日流萤，黢黢黑夜，床下虫鸣……书中为它们一一郑重撰文，梳篦它们与中华诗词，与华夏子孙千百年来的千丝万缕的情感联结。

现代的我们不应忘记，那江南烟雨桃花流水，浮生幽梦小镜凝妆，塞北风雪墓草，醉卧寒光沙场。这是潜伏在每个华夏子孙汩汩血液里的原始记忆，从远古走来，从仓颉的奇思妙想中走来，是待沽的和田玉，是夜光杯里的葡萄美酒，在《水经注》里蜿蜒，流憩在宋词湿软的草岸，栖息在唐诗的眼眸深处。

此书将它们重新带回世人的眼前，让我们听见它们在书页里的哀哀低泣。 我们应对景的消逝感到害怕。

人

"世界尚存多少原配？ 人间还剩几许古意？"

对逝去风物的惋惜让我一直在思考，如何才能避免重蹈覆辙，甚至可以弥补人类过去带给大自然的创伤呢？ 书中遥遥地为我们指出一条道路——鉴古矫今，不妨参照一番古人是如何与大自然和谐共处的。

古人对待自然最重要的态度，是敬畏。"禁忌源于信奉，人有信奉，则生敬畏，进而生戒律——手脚即老实多了。 惜爱草木，古即倡之。 天人合一的儒家，早早就流露出对植被的体恤。 孟子道：'斧斤以时入山林。'也就是说，伐木要择时，不滥为。"

书中写古人敬爱自然，落笔处带着脉脉温情，有如孔夫子对大同社会的向往：张志和怎么垂钓泛舟，与颜真卿咏和《渔歌子》；陆龟蒙怎么扶犁担笈，赤脚在稻田里驱鼠；陶渊明怎么育菊酿酒，补他的破篱笆；李渔怎么捣鼓《芥子园画谱》，在北京胡同里造"半亩园"；张岱怎么茶淫橘虐，书蠹诗魔，又如何披发山林、梦寻西湖。

而今人在明白许多自然现象背后的科学原理后，以及在掠夺资源后产生的自我膨胀中，失去了对自然的敬畏之心。 正如书中说到的古今态度之别有如云泥："上苍佑之，必使之有所忌，有所敬，有所自缚和不为……如此，其身心才是安全、舒适的，像一盘有序、有逻辑和对手的棋；上苍弃之，则使之无所畏，狂妄僭越，手舞足蹈……那样，其灵魂即时时于混乱、激酣中，距癫痫和毁灭即不远了。"

我讶于作者对古今人如此精准的描写，与莎士比亚那句嘲讽"这个时代充满了声音和狂热，里面空无一物"遥相呼应。书中写现况的文字针砭时弊，带着隐隐剑气，几欲奋起斩乱麻，根除如今种种怪象来恢复自然原有的秩序，读来也觉酣畅淋漓。

但世事的改写并非一蹴而就，而需从长计议。

这个时代的标签，必然有"浮躁"二字。现代的人们对大自然是万钧若轻的态度，对书本也亦然。

或许我们每天在使用通信工具进行所谓的"阅读"，但那是真正的阅读吗？是的，效率优先、发展至上的工具理性浸入肌理；金钱崇拜、利益追逐的生存逻辑封闭另类的现象空间，不可避免地带来思考的惰性化和阅读的快餐化。在"浅阅读"时代，指尖滑过的是对事实的尊重，鼠标点击的是对真相的追求。这种碎片化的阅读方式尽管便利、快捷，却缺乏内涵与品质，难以对心灵起到润滑剂的作用。

而真正需要我们赋予时间的，是一本完整的书——纸质印刷油墨的香味，齐整妥帖的装订，富有哲理的字句，而它的魅力远不止于此。

爱君笔底有烟霞，腹有诗书气自华。读书使人心驰神飞，奇思遐想，思接千载，视通万里，正如这本《古典之殇》，视古议今，令人深思。

正如培根所说："读书不是为了雄辩和驳斥，也不是为了轻信和盲从，而是为了思考和权衡。"愿人们对这个世界、对这个时代多一些观察，多一些思考。

经济篇

在学习与生活中思考金融的逻辑

——读《金融的逻辑》有感

文/李琛淇

自 20 世纪以来，美国便在不断地探索金融创新，21 世纪更是在世界各国的合力下，开启了金融创新的"黄金时代"。但 2008 年美国发生了严重的金融危机，随后危机波及全世界，危机的余波至今还在世界范围内荡漾着。这让我开始思考金融背后的逻辑到底是什么。在拜读了陈志武教授的著作《金融的逻辑》后，陈志武教授新颖的观点、独特的见解使我这个就读于财经院校的小小财经人对金融有了更深刻的理解。

虽然在学校学了一年多的财经课程，但是我还是无法用一句简短的话来概括金融。而陈志武教授在序言中便简明扼要地把金融概括成"金融的核心是跨时间、跨空间的价值交换"。这让我在开篇就对以前一直感到困惑的问题有了一个更加深刻的理解。在我看来，金融学就是研究跨时间、跨空间的价值交换所产生的"是什么（what）、为什么（why）、怎么样（how）的问题"的学科，而货币金融学就是金融学的一个分支，研究货币或者说资金和资本在跨时间和跨空间中是什么（what）、为什么（why）、怎么样（how）的问题。由此而产生的分支更是大大地丰富了金融学这个基础学科，如"货币的时间价值理论""汇率决定理论""利率决定理论"

等。 这个开篇序言让我对金融学有了更深的理解，也为我阅读后文奠定了一定的基础。

陈志武教授说："金融市场正在把中国家庭从利益交换中解放出来，让家庭的功能重点定义在情感交流、感情世界上，家……不是利益交换场。"陈志武对于当代中国金融与家庭的关系有自己的一个理解，但我觉得这并不适用于所有的情况。 诚然，金融机构对于一个国家经济的正常运作和快速发展有着不可替代的作用，在价值的跨时间、跨空间交换方面实现了效率目标，但是对于中国而言，还有一个经济现象是不容忽视，也无法在短时间内消失的，那就是家族经济。

家族经济是指以家庭为单元，以血缘、亲缘关系为纽带，以市场为导向，依靠自身力量从事生产加工、服务经营等活动的经济实体和经济形态。 在传统的家族企业内部，价值的交换其实也可以实现金融中介的作用，例如，每个家族都有一个掌门人，这个人掌握着家族的最高权力，当家族内部成员遇到资金困难、生产难题时，可以通过掌门人的协调来实现价值的跨时间、跨空间交换。 并且因为这个掌门人的作用，资金或者资本在交换过程中可以大幅降低交易成本，避免逆向选择和道德风险等问题。一个家族里的经济关系是一种多重博弈关系，这种博弈的结果会使逆向选择和道德风险问题的危害程度都大幅降低。 这种资本交易成本的降低有利于实现资金在家族内部的高效配置，形成一种"人人为我，我为人人"的资金互助格局，有利于启动民间资本，缓解企业的资金压力。 来源于360doc 个人图书馆的数据显示：截至 2010 年 6 月，沪深两地证券市场的上市企业一共有 1 925 家，其中有 842 家为民营上市企业，而民营上市企业中有 305 家为家族企业，占民营上市企业总数的 36.2%。 上市家族企业的市值总额为 18 048.54 亿元，占沪深上市企业市值总额的 9.2%，其平均市值为 48.33 亿元。 2009 年，上市家族企业的平均利润为 1.69 亿元，比民营上市企业的平均利润高出 14.2%。 上市家族企业中比较著名的有李嘉诚家族、吴培服家族、刘水家族等。

在陈志武教授将中国与其他国家进行对比的一些实例讲解中，我不断深化了对一些金融问题的认识和理解，特别是对中国金融现象的独特性的理解。例如，保险、信贷、养老理财产品如果没有跟上人们收入水平提高的速度，及时进行金融创新和产品发展，那么当人们的物质生活越来越充裕时，其精神却是会越来越"恐慌"的。人们会对自己的血汗钱没有安全感，导致国民幸福感的普遍下降。人们会产生恐慌感也是可以理解的，因为那是他们辛苦赚来的钱，又缺少投资渠道，国家每增发一次货币，他们手里的钱的购买力就会下降一点。如此循环往复，谁知道在金融危机余波尚未退去且还有股灾大爆发的情况下，会不会再来一场通货膨胀呢？在这样的背景下，虽然我国人均国内生产总值在不断提高，但是人们没有因此而感到自己变得越来越富有，反而觉得生活压力在不断增加。这直接导致了需求的疲软，人们不敢过多地消费，而是增加储蓄以预防不时之需，这也是近几年我国经济增长乏力的原因。

陈志武教授提到了"谁能够以更低的成本把更多的未来收入作证券化变成今天的钱，谁就能在未来拥有更多的发展机会"。这其实也就是现代金融服务业的经营逻辑。各种金融机构不断通过金融产品创新来降低经营成本和借款成本，提高预期收益率和贷款利润，以实现自己的经营目标。

最后，陈志武教授总结了金融对于一个国家经济发展的不可替代的重要作用，分析了金融发展与制度完善的互动关系，丰富了制度理论。

俗话说，与名人交流的最好途径就是阅读他的著作。读完《金融的逻辑》之后，我与作者在书中的很多观点都产生了共鸣。从作者的观点中我也透视了过去、现在和未来中国的发展情况，并结合中国的实际情况进行了思考，受益匪浅。但书中也有一部分观点我并不能完全认同。金融学或者说经济学，并不像物理、化学这些学科一样，一个过程只会产生一种解释。 经济学的魅力就在于它的包容性，许多问题都是仁智见仁，智者见智的。 而我们应该如何看待这些观点呢？ 我认为我们的逻辑应该要具有时代性和实际性。 时代性是指我们一定要用发展的眼光去看问题，不能用一成不变的眼光去看待已经发生了的事情，并且遇到新问题时要运用新思路去解决。 实际性是指我们遇到问题时，应该结合自身的实际情况去理解和解决。 我们不应照搬照套别国的思路去解决中国当下的发展问题，而是无论何时都应结合国情，结合实际去解决问题。 此外，我们也要坚持包容性，包容多样化的观点，理解别人看待问题的角度。 角度不同，观点也必然不同。 这也是经济学最美的地方，最吸引人的地方！

股票投资策略

——读《漫步华尔街》有感

文/潘凯颖

现代金融产品可选择性较大，而马尔基尔（Malkiel B. G.）的这本《漫步华尔街》为众多选书选得眼花缭乱的美国投资者们指出了一条合适的投资之路。尽管这一类书籍在美国已经多得可以铺满大街，但是这本书的指导作用不会因此减弱半分。当然，书中有大量关于股票估值理论和技术分析的论述，这对于一个非美国投资者的读者而言，也有很大的学习价值。

马尔基尔曾在华尔街的一家顶级投资公司担任市场营销员，后来又在一家顶级保险公司担任投资委员会主席，并成为全球最大投资公司的董事之一，现为美国普林斯顿大学经济学教授，是国际投资界的著名人物。此外，马尔基尔拥有丰富的投资分析和投资组合管理从业经验，以及完备的学术研究知识。因此，在撰写这本"投资指南"时，作者亦有相当精彩的见解。

马尔基尔推荐：随机漫步策略

贯穿全书的股市投资推荐策略是：买入并持有市场平均指数所包含的

代表性股票（这个观点又被称为随机漫步策略）。

如何证明这个投资策略是最优的呢？ 作者向读者一一对比了其他的股市投资策略，像数学证明一样严谨地证明了随机漫步策略优于其他每一项策略之后，这个命题自然就成立了。

为了确保每一项用于对比的策略都未被遗漏，马尔基尔回顾了整个股票理论历史。 从股市最基础、最广泛的两种估值理论开始，到学术界新创的股票估值方法，再到其他一些曾经流行过的股票投资理论，他为我们验算了一道精彩的证明题，也为我们展现了一幅充满学术性的历史画卷。

坚实基础理论和空中楼阁理论

马尔基尔证明的起点，是资产价值分析的两大传统理论：坚实基础理论和空中楼阁理论。

坚实基础理论

坚实基础理论（Firm-foundation Theory）认为，每一种投资工具都有一个被称为"内在价值"的坚实支柱，当市场价格高于（或低于）内在价值时，就会出现卖出（或买入）的机会，使得价格与内在价值的偏差被纠正。 在经济学家约翰·B.威廉斯（John B. Williams）的努力下，现代金融资产估值非常著名的"折现"理论产生了。 在欧文·费雪的支持下，"折现"方法的地位得到了巩固。 后来随着该理论的实践宝典《证券分析》的出版，华尔街整整一代的证券分析师都依赖于这一理论。

坚实基础理论强调，股票的价值应建立在公司未来能以股利形式分配的盈利流的基础之上，因此股利增长率和股利增长持续期是研究股票价值的关键所在。

空中楼阁理论

空中楼阁理论（Castle-in-the-Air Theory）凝练起来就是：资产的价值取决于投资者的预期。如果相当数量的投资者对某一资产有很高的预期，那么这一资产就形成了一个"空中楼阁"。这种资产价值看起来也许不可靠，但是，一项投资之所以值钱，就是因为人们预期以更高的价格将它卖出去。只要有人愿意出比你更高的价格，那么你现在进行一笔交易就是合理的。

从本质上说，这一理论的信奉者，认为任何资产的价值都取决于实际或潜在的交易。

历史上出现过的多种定价模式，其背后都存在这两种理论的逻辑。但无论是20世纪60年代股价的狂飙突进，20世纪70年代蓝筹股的疯狂，20世纪80年代新科技股的狂热，20世纪90年代日本股市的胆大妄为，还是20世纪末的"互联网泡沫"，这些曾经不牢靠的定价（或者说股市狂热），都会在市场的作用下，慢慢回归到自己真实的价值。因此，如何估计真实的价值，准确预测股价的未来走势并借此确定买卖股票的合适时机，是所有投资者不懈努力的方向。

专业投资者使用技术分析方法和基本面分析方法两种方法来预测未来股价走势和买卖时机，而这两种方法可以说是以上两种估值理论的应用：技术分析方法的使用者大多信奉空中楼阁理论，基本面分析方法则运用了坚实基础理论的思想。

股票投资方法和策略

技术分析方法

大部分图表师（使用技术分析方法的人）利用 10% 的逻辑和 90% 的心理因素去分析股票走势，这是看似有道理的：大众的群体心理本能使趋势得以延续；信息获取的不平等使某个利好消息对股价的影响逐步显现出来，因此趋势得以延续。图表师们用各种数据和指标工具得到他们想要得到的任何图表。他们在这种丰富而充满想象力的图表中，总结出一些如"头肩型"的股价典型走势。他们总结出了很多典型图例，每一个图例都成为一种技术分析方法。因此，对于技术分析方法，无论复杂还是简单，其种类是非常多的。

然而，马尔基尔利用数学方法证伪了股价变动的趋势性。他随机抛硬币画出的假想股价走势图与实际的股价走势极为相似，说明股价变动其实是近似随机变动形成的结果。当前股价的变动与过去的股价变动之间的联系是非常微弱的，对投资者来说都没有什么利用价值。

为了确定这一种分析方式是否能真正起到作用，马尔基尔按照控制变量的基本原理，将使用技术策略赚到的利润，与设置为控制变量的"买入持有股市大型指数所有成分股（同时也恰好是随机漫步策略）"赚回的利润相比发现，没有任何一种技术分析策略超过了市场投资回报率（对照组的回报率）。

因此，这种方法无论从理论上还是实际上，都不是一种最佳的策略。

基本面分析方法

技术分析师只对过去的股价感兴趣，而基本面分析师关注的是股票究竟价值几何。股票分析师从股票所处的行业出发，对公司的各类财务报表进行分析，甚至实地走访管理团队，获得大量的信息，然后分析并估计出（带有主观因素）预期增长率、预期股利支付率、风险程度和市场利率水平。 他们主要利用这四个指标估计股票的内在价值，然后在股价低于内在价值估计值的时候买入，在股价高于内在价值估计值的时候卖出。

基本面分析似乎比技术分析更科学，但是马尔基尔指出了三点使人警惕的细节：一是对未来盈利和股利的预测无法得到证明；二是运用不确定的"预测增长期"测算出的股票价值，是建立在暗藏风险的基础之上的；三是市场评估价值的标准变化使得股票价值的增长得不到体现。 此外，排除上面对于预测本身的质疑，马尔基尔还指出，可能使基本面分析法失灵的因素还有两个：一是分析师获得的信息和所做的分析可能不正确，二是股票价格可能不会收敛于内在价值的估计值（因为市场可能对增长型股票的价值重新估计了价位）。

而在实际的表现中，通过基本面交易策略选出的股票很难分到相当多的股利，因为市场通常都表现出充分有效性，会对多余的盈利进行迅速分割。 而且市场过度反应和反应不足的频率大致相同，因此，这种方法也并不会带来比其他方法更多的利润。

其他策略

除了技术分析和基本面分析两种主要的投资分析方法以外，历史上出现过的其他投资策略还有："道指狗"策略、1 月效应、短期趋势、股利巨奖法、初始市盈率预测法，长期收益反转策略，"较小便较好"效应等一系列投资策略。

这些策略都曾风靡一时。 在这些策略中，有的存在一些当时还未被人发现的赚钱小窍门，可是，一旦这些策略或者方法被大众所知，多余的那一点利润就会迅速被人们瓜分，如 1 月效应；有的则存在很大的风险，而这种方法本身忽略了这些风险，因而投资成功的概率相对较低，如"道指狗"策略、"较小便较好"效应。

总的来说，这些股票策略要么昙花一现，要么因为各种缺陷而并不被大多数投资者所认同，其影响范围不如前两种方法那么广。

市场有效性以及股票的随机漫步

对于技术分析方法和基本面分析方法，学术界认为图表师们一派胡言，而基本面分析的预测也拿不出符合逻辑的证据。

在这样的情况下，有效市场理论（Efficient-Market Theory）产生了。这个理论包括弱式有效理论、半强式有效理论、强式有效理论。弱式有效理论认为，人们无法根据股票的以往价格预测股票的未来价格。半强式有效理论认为，人们无法利用已公开的信息来预测股票的价格。强式有效理论认为，任何信息都对预测股票未来价格没有任何作用。

弱式有效理论在前面对于技术分析方法的反驳中已经体现。半强式有效理论和强式有效理论实际上想表达的是，基本面分析方法也起不到太大的作用（同样在前文中有所体现）。

在书中的每一个具体的案例分析中，作者对每一次市场定价情况、投资人的反应进行进一步分析的时候，都会提到市场在其中发挥的作用和它所达到的效果。在一次又一次的情形分析中，马尔基尔都验证并得出了这个道理——同时也是有效市场理论的内涵——市场在信息出现时变动得如此迅速，以至于谁也不能足够迅速地进行买卖而从中获利。而且，实际信息的形成是随机的，不可预测，因此通过过去产生的任何信息都无法对市场变化进行相当有效的预测。

另外，对于市场中出现的一些异常情况，有效市场理论仍然具有解释力度。有时市场在估值时出现严重的偏差，例如，20世纪末出现的互联网泡沫，正是由于市场狂热情绪所带来的供不应求的市场供需状况。随着泡沫的破裂，股价会逐渐恢复到正常的水平。

不过，马尔基尔个人认为这个理论也是有瑕疵的。有效市场理论（应用于股票市场）建立在几个脆弱的假设之上：一是市场存在充分定价，二是瞬间完成。违反有效市场理论这些假定的实例也并不少见，例如，纳森·罗斯柴尔德的信鸽为他提前带来了英国获胜的消息，使他能够利用先机，在股市赚得盆满钵满。但是不管怎么说，有效市场理论在相当程度上解释了，为什么人们总是无法用一种方法预测出未来资产价格的走势。

这也说明了马尔基尔让我们"随机漫步"的原因，因为股价的不可预测性，因此，选择他推荐的"随机漫步"策略，长久地持有这些市场指数成分股，不仅可以获得较好的收益率（在书中，作者对比了所有方法的优势和劣势，并采用控制变量法对比了此策略与其他方法带来的平均收益率，事实证明这种策略是最佳的），而且尽量少地进行买卖交易，可以免去支付一大笔佣金、税金。

新投资技术

学术界否定了两种主要的投资策略，但他们同时提出了现代投资组合理论和资本资产定价模型。

现代投资组合理论

现代投资组合理论主张多样化持有资产，不管是资产种类的不同，还是同种资产持有个体的不同，适当分散化持有都能在一定程度上降低风险，提高收益。在马尔基尔的验证中，这种策略是可行的、有效的。持有部分国际股票和部分美国股票（只要比例恰当）比全部持有美国股票的收益波动性更低，并且年均收益率更高；持有房地产投资信托基金和美国股票也比只持有美国股票更优。 因此，如"随机漫步"策略所说，持有市场指数所包含的所有成分股，恰好符合了现代投资组合分散风险的要求。

资本资产定价模型

资本资产定价模型认为，通过多样化可以分散掉的风险不会获得任何风险溢价收益，而那部分不能被分散的风险被称为系统风险，又称市场风险。 股票对于市场变动的相对波动性，可以根据过去的数据估算出来，即贝塔（β）系数。

这个模型告诉投资者，你所获得的收益与你承担的系统风险大小是成正比的。 如果投资组合的加权贝塔（β）系数是 2，那么投资者就应当获得 2 倍的市场收益率——无风险收益率。

但是观察复杂的现实情况，这一理论在股市仍有很多不适用的地方。法马和弗伦奇针对这一模型理论进行了研究，涵盖了 30 年的股市数据，最后在回归中发现，贝塔系数和投资组合的收益率没有什么关系。 另外，马尔基尔认为，贝塔系数的测量方法本身就存在缺陷。

获得更高的收益就要承担更高的风险，但是完美的测量风险的方法并未出现，任何一种单一的测量方法，都不太可能完全捕捉到系统性风险对单个股票的影响，即使是贝塔系数也不行。

也许未来能出现更成熟的技术来测量风险，但是现在投资者仍不能完全依赖于这种方法。

因此，也许"随机漫步"策略并没有很完美的理论支持，但是在实证的检验中，它仍然是一个非常好的策略。

个人感想

这本书让我对美国高度发达的金融体系有了一个形象的了解。 美国市场有种类繁多的金融产品、较低的进入门槛,一般的美国家庭都有相当一部分收入来源于投资收益。 此外,这本书还让我对股市的发展历史和相关理论有了更深一步的了解。

本书的内容主要是股市投资理论和金融市场投资理论,因此涉及很多经济知识和专业金融知识。 在阅读时,我虽然能够部分理解其经济原理,但是对于一些专业术语,如"市净率",仍然觉得较难理解,因此很难从金融专业角度去验证作者结论的正确性。 好在作者语言幽默,在一定程度上化解了我在理解这些晦涩难懂的专业知识时的厌倦感。 总之,对于想要了解现代金融、股票以及相关学术理论的读者而言,这本书是值得一读的。

"国家会计" VS "企业会计"

——读《国民经济核算分析》有感

文/赵乐新

假期闲来无事，有幸拜读了邱东教授的《国民经济核算分析》一书。此书是高等院校统计学精品课程教材，然而，由于各校在教材选择上的不同，之前自己上国民经济统计学这门课时并未接触这本教材，但自己常听国民经济统计学老师提及并推荐给我们，于是就借来一阅。论及书中的内容，自以为此书与之前自己所接触的其他国民经济核算类教材并无太大差别。书的第一部分是对国民经济核算这一概念以及国民经济核算的重要性的讲解，让读者先对国民经济核算有大致的理解。接着就是对国民经济核算的账户体系的总括介绍，之后便是对这个体系中的各个部分进行详细的解读，包括生产核算、投入产出核算、收入核算、资产负债核算、资金流量核算、国际收支核算以及价格与物量核算等。这些内容大多来自国际通行的联合国统计委员会所公布的国民核算体系（SNA），而为与中国的国民经济核算实践相结合，大多数教材还会介绍我国国民经济核算体系的发展历程以及实践情况，本书亦如此。

相比于其他国民经济核算类教材，该书有其独到之处。其一，该书一改大多数教材生涩难懂的编写方式，对内容进一步去繁就简，使得读者即使没有相关专业知识储备，也能够理解其概念。其二，该书更加注重对理论的应用，通过翔实的事例引导读者更好地理解国民经济核算信息，并引导读者在理论学习之后学会用专业的眼光看待国民经济的运行过程。其三，该书的写作思路和篇章编排更加符合人对新事物的学习和思考方式，从总论到账户体系纵览，再到之后分章节详细介绍国民经济核算的几大核心内容，各部分联系紧密，环环相扣。

以上是对该书总体情况的把握，接下来，我将就该书的具体内容谈谈自己的感受。记得在学习国民经济统计学这门课时，老师时常开玩笑称，以后如果遇到会计专业的同学问"你们学经济统计专业的，以后是干什么的"，你们就可以骄傲地回答，"你们是给企业算账的，而我们是给国家算账的"。每当这个时候，全班总会哄堂大笑，而我也不禁会想所谓的"国家会计"与"企业会计"究竟有什么关系呢？读完此书后，自己对国民经济核算有了更深的理解，故想借此机会将两者进行比较。

企业会计核算是指采用一系列的账户、报表对企业经济活动进行全面的反映和监测，并为企业的经营决策提供信息支持。而国民经济核算是指采用一系列账户、统计表格对整个国民经济进行系统、全面的反映和监测，从而为各级政府进行国民经济管理提供信息支持，并为国民提供了解国家经济运行的窗口。从两者的定义来看，两者既有共通之处，又有明显的差别。

其一，两者之间的联系。很明显的一点是，企业会计核算是国民经济核算的基础，因为国民经济的基本经济单位是企业，只有对企业进行准确核算并上报汇总才能进一步得到国家的总体数据信息。此外，两者均借助一套完整的账户体系，包括流量账户和存量账户两个部分。企业会计中按会计要素分为资产类、负债类、成本类、所有者权益类、损益类以及共同类账户，而国民经济核算体系中分为经常账户、积累账户等。同时，不论是企业会计核算还是国民经济核算，对账户的记录都采用复式记账法，而核算的最终结果都是以统计表的形式呈现的。 企业会计核算的最终结果是得出企业的资产负债表、利润表、现金流量表等反映企业运行状况和盈利能力的报表，而国民经济核算最终会以统计年鉴的形式对外公布。 统计年鉴就是以数据表的形式反映一国或一个地区该时期的经济发展概况。

其二，两者之间的差异。 从定义就可以清楚地知道，两者的核算对象是有所差异的。 企业会计核算的对象是单个特定单位的生产经营活动，而国民经济核算的对象是整个国民经济活动。 在这两个核算体系中，对于基本概念的理解也是有所区别的。 如对"资产"一词的理解，在企业会计核算中，资产根据流动性可以分为流动资产与非流动资产，而在国民经济核算中，资产更强调资产的形态，可分为金融资产和非金融资产。 再如会计核算中的营业利润与国民经济核算中的营业盈余，营业盈余针对的是生产而营业利润针对的是当期的收入与支出，即营业盈余仅反映当期生产所带来的增加值，不论所生产的商品是否实现销售，只要生产完成并有增加值，均可计入营业盈余，而要实现营业利润就必须要完成商品的销售。 除了以上两点以外，两者还在计价方式上有所差异。 两者尽管均以货币为统一的计价单位，但是以何种价格计价却存在差异。 为了保证会计信息的可靠性、可证实性，会计核算中统一使用历史成本计价，而在国民经济核算中均采用当期的市场价格计价。

基于以上的整理分析，企业会计核算与国民经济核算确实有诸多联系且又有自己的特点。 当然，虽说企业会计核算是国民经济核算的基础，但国民经济核算却不是企业会计核算的简单汇总。 在统计实践中，还涉及不同企业间报表的合并以及私营企业报表与政府部门、事业单位统计表的汇总，同时还有对不同地区所上报的统计表进行指标口径的调整，由此可知国民经济核算远比企业会计核算复杂。 并且在我国当前的国民经济核算制度下，国家所发布的最终统计数据需要由下往上层层上报进行汇总，由于信息传递的时滞性，地方的数据很难在短时间内到达中央，而为了尽快向社会公布月度或季度的经济运行状况，国家往往采取估算的方式得到月度或季度数据，这就影响了数据的准确性。因此，如何解决月度或季度国民经济数据的迅速汇总问题，提高月度或季度国民经济核算数据的准确性，是当下国民经济核算研究的重点、难点。在本书中，作者已然认识到了这一点，并且还提出了我国季度国内生产总值（GDP）核算的改进方向，为今后我国季度国内生产总值（GDP）核算方法的改进提供了思路。

《区块链——量子财富观》读书感悟

文/沈子莘

经济学鼻祖亚当·斯密在《国富论》里描绘了一个没有中心的市场，在这里人们只要都遵守"互通有无、等价交换"的基础协议并且投资者和消费者都拥有应得的自由，那么市场就会产生财富。然而，因为信息不对称与信用问题的存在，人类无法点对点直接进行交易，由此衍生出了复杂的金融中介体系，它们也成为市场的中心。

纵观人类的金融发展史，其根本核心就是围绕交易效率不断进行帕累托改进，而区块链技术的出现似乎向人类展示了这一亘古难题的最终答案。作者在本书引言里描述道：区块链的本质是一个去中心的点对点记账系统，在这个账本中，信息公开透明且不易被篡改，并通过共识机制建立去中心化的信用。很多人都是通过比特币了解到区块链这一概念。2009年，一个自称中本聪的人在其发表的论文中提出了一个点对点的、无须通过第三方金融机构的在线支付系统。他所开发的比特币就是这一电子交易系统中的虚拟货币，而区块链是实现这一去中心的交易平台的技术核心。实际上这只是区块链的一个基础的应用，在未来，区块链技术的实现对整个人类社会都是一场巨大的变革，围绕其"去中心"的核心，它的应用前景十分广泛："不仅仅是数字货币，在彩票发行、数字版权保护和交易、智能合约、证券、资产过户等领域都可以使用，甚至婚约、遗嘱、思想、创意都可以被记录、被转移、被交易……换句话说，基本上以往'需要通过一个值得信赖的组织和权威证明才能进行的事'或'存在经纪人的领域'，未来都可能用区块链绕过去，被'去'化了。"

区块链应用的领域实在广泛得令人难以想象，而本书主要探讨的是它对人类金融领域的革命和新财富观的形成的影响。

重塑金融中介

金融中介通常被认为是为了缓解信息不对称、降低交易成本、提高市场效率等而存在的。随着信息技术的不断发展，交易风险和信用评级等信息变得更容易获取，加之金融市场的不断完善，直接融资成本在逐渐减小。以依赖规模经济的商业银行为代表的传统金融中介奉行的"二八定律"不再适应新时代。高净值人群抛弃间接融资成本高昂的金融中介，更倾向于直接融资，留给传统金融中介的只有以往不受重视的中小微客户。但是，中小微客户由于信息获取难度大，因此很难获得银行信用，长久以来都遭受着"金融排斥"。随着互联网科技的发展，各大互联网平台依靠本身的信息技术优势以及不断积累和扩大的用户信息，形成了自己的互联网金融平台。与传统金融中介相比，互联网金融平台具有能以低成本缓解信息不对称等问题的优势，再加上其和用户更紧密的联系，使得它成了新的信用生产中心，能更好地服务"长尾人群"。因此，传统金融面临着"金融脱媒"的压力。为了生存，传统金融一方面纷纷致力于自身的信息化建设，打造自己的电子商务平台，另一方面拥抱互联网企业，希望依赖彼此的优势打造并整合成新的金融平台。

传统金融中介面临"金融脱媒"的压力，与此相对的是当下各大互联网公司金融平台的蓬勃发展，难道现在的互联网金融模式真的是无懈可击吗？ 本书一针见血地指出当下的互联网金融模式存在的三个核心问题：第一，虽然网络上的信息容易获得，但是并不能保证信息的真实性和准确性，这样的"信息过载"带来了新的信息不对称；第二，这些互联网平台或者互联网金融企业都是利用自己积累的客户数据，这些信息被各自垄断，缺乏共享和流通，因此形成了信息孤岛效应；第三，大量数据的集中增大了数据泄露的风险，而个人数据的所有权和使用权没有明确的界定，因此企业使用的数据存在侵犯隐私的可能。

区块链这一概念的出现，宣告了未来互联网金融发展的方向。 它的信息分布式和信用共享型理念为当下的金融模式带来了帕累托改进。 与原来依赖中心处理的中心辐射型网络不同，它建立的是分布式的共享账簿，不依赖中心化的管理，每个节点或参与者都有平等的权利与业务，因此大大降低了管理和交易的成本。 任何参与者都能核查区块链上的信息，同时依赖信息加密技术使得其不被篡改，从而保证了信息的安全和透明。 在这一技术的支持下，人们不需要中介处理和信用背书，很多交易能直接通过点对点的方式进行。 可以说，在区块链技术下，每一个从事金融行业的人都该进行深度思考：未来路在何方？ 人工智能可能会取代很多岗位，但是没有撼动整个金融中介体系，而区块链带来的可能是整个行业的颠覆！

虽然只有寥寥几笔，但是本书也对未来新型金融中介的发展指出了方向。 虽然信息变得透明和易得，但是面对海量的信息，又将产生个人难以通过低成本获得有效信息的新问题，未来新型金融中介的发展可以朝着处理和过滤信息，降低个人交易的参与成本的方向进行。 而我还联想到在二手交易市场上，可能仍需要进行价值评判的机构，否则人们很难对二手市场上的事物的价值进行判断，从而造成市场的混乱和效率的低下，因此未来我们也可以考虑向这个方向发展。 这些只是简单描述了未来区块链技术应用下新型金融中介的一些可能的发展方向，具体的道路需要我们每一个学习者或者从事金融行业的人进行更深入的思考。

创造新财富

市场经济互动的直接参与者可以分为两类人：消费者和投资者。纯粹的消费者不能创造丝毫财富，只有投资才能生产财富。然而，成为投资者却是困难的，因为投资最核心的需要是资本，而资本的产生和使用建立在产权确立的基础上，没有产权，很多资源都无法进行交易和转移，投资人的利益无法得到保障，整个市场也很难运作。而成为投资人的门槛较高，资本和投资渠道缺一不可，因此大多数人的身份只是普通的消费者。

想要创造更多财富，必须增大投资。本书作者之一周子衡对互联网新经济前景的观点：交易大爆炸超越生产大爆炸。一旦交易速度超过生产速度，很大一部分交易行为就可能变成投资行为。本书举了这样一个例子：消费者购买了厂家产品可以获得区块链积分，这个区块是由各大购物平台里的商户互相公证、共同记账产生的，相当于一种被确权的数字资产。每个商家品牌每年发放的积分，由区块链底层协议设计保证其每年递减，逻辑上可以保证特定商家品牌发行总量的有限性。这样，只要这个商家品牌做得好，每年的业务递增，因其每年积分发行量恒定，但用户量在扩大，那么往年的积分所有者将会获得分红。往年的消费者，如果没有马上拿积分和商家兑换，相当于对商家进行了"投资"，那么商家将来业务发展了，积分持有人获得相应利益也是合理的。这样通过互联网和区块链实现了消费者和投资者之间身份的轻易转换，"剁手党"也不必苛责自己败光了家产。虽然东西可能闲置，但是也可以看作是对厂商的直接投资了。这样整个社会创造的财富总量将会比当下互联网和全球化带来的生产大爆炸时代多得多！

归根到底，我认为区块链技术最深刻的影响是重塑了人类的信用体系，以及带来了数字经济时代各种各样资产确权的可能性。 虽然它对于现今的金融体系而言是颠覆性的存在，但是我内心十分兴奋，并忍不住畅想未来其真正实现后的样子。 我相信我们不是只能被取代、被颠覆，就像被工业革命摧毁的家庭手工作坊一样。 面对不可逆转的技术改革，我们要学会了解它、学习它、拥抱它，因为这对于全社会而言是一种帕累托改进，而不断思考与创造更是我们得以生存和发展的源泉。

未来的挑战

——读《从 0 到 1》有感

文/苏虹霏

如何看待科技创新与全球化进步的关系

在作者彼得·蒂尔看来，进步可以呈现出两种形式：第一，水平进步，照搬已取得成就的经验——直接从 1 跨越到 n。 第二，垂直进步，即探索新的道路——从 0 到 1 的进步。 我们对水平进步早已了然于胸，若要找到一个宏观的词语来代替它，那便是"全球化"。 而垂直进步也可以用"科技"这个词语来概括。

当今世界，资源稀缺，因此资源的合理运用就显得格外重要。 是用这些资源去复制已有的、相对先进的产品直至资源耗尽，还是用现有的资源去创新，从而更节省、更有效地利用资源甚至产生资源，这取决于我们的选择。

当今的中国坚持改革开放，学习着也可以说复制着发达国家的高科技产品。 但我们必须清楚的一点是，发达国家并未拥有一切资源与优势，创新的未来不会只限于斯坦福大学或者硅谷。 如果我们想要获得长久的、稳

定的发展，就必须开创属于我们的科技创新，更加美好的未来不会自己
到来。

所有成功的公司都是不同的

在微观经济学中，完全竞争市场在供求相当时达到平衡，各个公司之
间没有分别，所生产和销售的产品都是同质的，价格由市场决定。 从长远
来看，没有公司会获得经济利益。 而垄断企业就不同了，它供给的产品其
他企业无法供给，因此可以自己决定供给量和价格，以实现利润最大化。

垄断者调整着公司的定位，将自己放在一个大环境下来描述自己的渺
小。 而非垄断者对市场竞争轻描淡写，将市场看得很狭小，放大并专注于
自己细微的特色。 他们想尽方法压缩成本，打压对手，面临着随时被相似
的企业取代的状况。 而像谷歌那样的垄断企业则与众不同，它不必考虑竞
争的压力，有更大的自主权去关心自己的员工、产品和在世界范围内的影
响力。 所以，如果企业想从每日的生存竞争中解脱出来，有更多的时间进
行长期的计划，唯一的方法就是：获取垄断利润。

然而，大多数消费者对垄断企业并没有好印象，毕竟巨额利润都是从
消费者腰包中出来的。 但是，如果你用动态的眼光去观察你会发现，富有
创意的垄断者创造出了崭新的事物，给了我们更多的选择，是它们使社会
更美好、更丰富。

就像上面提到的一样，科技进步必然会消耗资源，只有累积起来的垄
断利润才能支持企业去创新和研发。 它们有能力投资的研发项目，有能力
规划企业未来的发展方向，而这些是在竞争困境下的企业所望尘莫及的。

竞争意识究竟从何而来

既然竞争并不能给大家带来利益，所生产的产品也是别无二致的，那为什么还有这么多企业一直在竞争中挣扎求生呢？其实竞争是一种观念，我们宣扬竞争，内化竞争的重要性。在社会长期形成的思维惯性中，人们认为只有在激烈的竞争和博弈中，企业才会去创新并取得进步，获得超额利润从而带动整个社会发展。实际上，在这样的竞争中，企业渐渐迷失了自我，关注的只有对手的举动而不是如何改良机器，优化技术，所以，企业获得的也越来越少。

这可能在一定程度上反映了人的天性，即人们把荣誉看得很重要，即使是一件微不足道的小事也要一争到底。但在商业上，我们必须用冷静的头脑来分析这个行业是否值得进入，包括对新进入市场的企业的威胁性、消费者的议价能力、供应商的议价能力以及替代品的威胁等的分析。

中国和美国国民对待未来的不同态度

众所周知，世界瞬息万变，无论是政治、经济还是国民生活方式，都有可能在一夜之间产生翻天覆地的变化。所以，未来在很多人眼里可能就是一团迷雾，无从预测，人们进而会萌生出放弃掌握自己未来的念头，跟随潮流，尽量将多种选择组合起来武装自己，等待着美好的未来自己到来。可是，这是一种正确的态度吗？

中国现在处于一种稳中发展的状态。习主席提出的"精准扶贫""供给侧改革"等，都取得了不凡的效果。可以说，我们对于中国未来的发展是有长期规划的，是有明确的目标的。但我们都明白，中国人口基数过大，即使经济持续增长，兴建更多的工厂和大厦，开采更多的煤矿和石油，资源的价格也会上涨，国民的生活水平也很难赶上一些发达国家。 所以，我们未雨绸缪，富有的中国人积极地在外国投资，而稍贫穷一点的中国人节省着花销，增加储蓄，对即将到来的未来严阵以待，不敢怠慢。

而天性乐观的美国国民则不同。 即使未来不明确，他们也认为，如果计划缜密，工作努力，未来只会越来越好。 人们享受于生活在有无数选择的环境中，钱比任何能用钱换来的东西更有价值。 但是，缺乏长期规划而只在短期中针对环境变化被动地调整，怎能保证未来会越变越好。 所以，近来有学者指出，美国总统特朗普的上台是一种必然趋势，美国国民现在需要一个宏大的目标来指引其未来的发展。 并且特朗普是一个商人，结果导向和效率导向对一个商人来说是很重要的。"无论他的话有多夸张，当他看到那张财务报表时也都会冷静下来。"马云如是说。

最后，我想引用彼得·蒂尔的一句话："从小处看，未来只是还没有到来的时刻的集合。 但是真正使未来如此独特和重要的并非因为未来没有发生，而是未来的世界会与此刻不同。"所以，如果你想要使这个世界更美好，那么就从小处着手，脚踏实地，在长期规划的指引下，创造出更多的新事物吧！

晋升锦标赛模式真的是有效率的吗？

——基于晋升锦标赛模式的思考

文/秦佳文

　　晋升锦标赛制度作为一种新型的官员激励模式，它的提出，对行政队伍中的官员选拔具有重要的指导意义。晋升锦标赛把官员任职期间内的政绩以及地方生产总值增速等一系列可量化的经济指标都纳入考查范围，不仅增强了选拔考核的公平性，也实现了政府工作激励的目的，在一定程度上切实提高了政府公职人员整体的工作水平，具有积极意义。但近年来，在晋升锦标赛模式下也出现了不少投机现象，官员利用数字造假、暗箱操作等不正当手段进行恶意竞争的现象屡见不鲜，严重违背了晋升锦标赛制度构建的初衷，也给行政队伍建设徒增了很多压力。了解了周黎安先生对中国地方官员晋升锦标赛模式的研究后，我更深刻地意识到，在如今的现实背景下，我们迫切地需要讨论晋升锦标赛制度存在的价值与意义，反思这种新型官员激励模式的利弊。

晋升锦标赛理论

　　作者认为，锦标赛理论的提出，是基于员工报酬水平随职位晋升而阶梯式跳跃的事实。 锦标赛理论还认为，与既定晋升相联系的工资增长幅度，会影响到位于该工作等级以下的员工的积极性。 只要晋升的结果尚未明晰，员工就有动力为获得晋升而努力工作。 因此，该理论主张企业通过晋升激励员工。 行政选拔中采用的晋升锦标赛模式也与此类似。 晋升锦标赛模式把经济等衡量指标作为考查对象，从而实现对官员的激励。 为了取得竞争优势，晋升锦标赛充分调动了职位竞争者的积极性去提升地区综合实力，投入地区建设中去。

晋升锦标赛的先决条件

行政选拔中的晋升锦标赛模式主要用于考查和选拔地方官员，但并不是说它在任何一种政治体制下都可以发挥作用，而必须保证有下面几个先决条件，缺一不可。

第一，必须保证上级的人事权力是强有力的、集中的。 上级政府拥有足够的自主权来决定晋升锦标赛的选拔标准，并根据竞争者的政绩排序来提拔任用。

第二，晋升锦标赛模式的计量指标必须是客观、可衡量的，如地区生产总值增长率、财政收入、社会保障收入等。 假设用于衡量竞争排名的指标是模糊、主观的，那么晋升锦标赛模式的结果也就必将遭到质疑。 因为没有人会认可这种含糊不清、模棱两可的竞争结果，从而令人怀疑竞赛结果的公平性，竞争者也将丧失提升工作能力的激励。

第三，竞赛的官员能够在相当程度上影响考核指标，并且各竞赛官员的政绩是独立的。 这保证了衡量指标的可靠性。 如果一项工作成果不能够相对独立地衡量，那就无法把它具体归功于竞争者。 对于谁在这项工作中的贡献占比大，也难以做出精准的裁定。 选择地方官员有绝对、直接影响力的衡量指标也是为了更好地确定竞争者的政绩。如果二者仅仅是弱相关关系，那么激励效果也会很小甚至没有。

国内外晋升选拔模式简述

西方国家

在西方发达国家，上至联邦总统，下到州长、市长，行政长官的选拔和录用大多通过选举制，由民众投票表决选出竞选优胜者。西方国家的选举制在官员的选拔和录用上是民众意愿得到最集中反映的表现形式。在西方国家，只要具备资格的公民都可以成为选民，选拔候选人进行投票支持。不同于中国的选拔制度，西方国家崇尚的是自由、民主，民众的支持成为候选人成功上位的重要决定因素。除了候选人的行政业务能力和个人资历外，舆论甚至其在公开竞选演讲中的政治倾向等也会影响其选民支持率。

为了扩大自己的政治阵营，优胜者上台后会利用自己的权力委任自己阵营的下属政务官。这类下级官员的任用一般都与其选举支持有较大关系。许多在竞选中尽力辅选、出钱出力的人会得到优先考虑。这一点，也就是我们通常所说的"人情"。被任用的这类官员一般都忠于委任者，短期行为和政治色彩较明显。

中国国情

从我国历史上看，古代官员的选拔制度经历了漫长的变革，从察举制到科举制，无一不显示出领导者对官员选拔的重视。中华人民共和国成立后，从干部选拔单一委任的探索阶段，经过一次次改革，到现在的晋升锦标赛模式，打破了过去固守的多年连任、唯亲继任的行政模式，让晋升选拔更为公开、透明、公平。

我国的官员晋升选拔一直遵守着"选贤任能"的原则,在下级官员的考查和选拔上较为注重政绩和履历。 与西方社会不同的是,我国是一个党政合一的国家,官员直接对党负责。 因此,选拔下级官员也是上级党政组织的职务范围,并不是人人都可参与的。 另外,我国对官员的选拔和任用还普遍存在"平调""下放"现象,大多都是把组织上认为可信赖、有意愿栽培的候选干部派去别的地区就任历练,丰富个人履历。

晋升锦标赛模式优势剖析

更为直观的衡量标准

晋升锦标赛模式是综合考虑候选人的整体情况,建立起可量化的衡量机制,通过相对的排名来选出竞争优胜者。 晋升锦标赛在竞争排序中最具突破性的一点就是建立了可量化的衡量机制。 把地区生产总值增长率等经济指标作为个人政绩纳入考核评估,无疑会让选拔过程更为合理,并且有据可循。 这打破了过去"只知结果,不知其由"的晋升选拔通病。

官员激励效果更明显

如同古代科举制、现代高考一样,晋升锦标赛模式提供了一种看似比较公平的选拔晋升方案,极大鼓舞了下级官员的竞争热情。 在面对均等的机会时,每个人都希望通过努力赢得晋升。 与过去上级领导或因私利、欲望而罔顾选拔条件,直接点名提拔与自己利益相关的"关系户"相比,晋升锦标赛模式起码提供了一个更为公平的竞争平台。 只要有意愿,下级官员人人都可以参与竞争。

晋升锦标赛是对分权制度的强化

自改革开放以来，我国党政机关就一直贯彻深化改革的基础方针，对地方政府实行了分权管理。所谓分权，就是下级政府在自己管辖的区域内，独立自主地解决问题，而上级组织不加干涉。上级领导给予下级充分的自主决策权，允许他们独立地进行决策和管理。

在晋升锦标赛模式下，地方官员的晋升与地方经济增长率挂钩，个人升迁机会与政绩息息相关，有利于培养竞争者的工作能力。晋升锦标赛筛选的是在地方领导上表现卓越、综合事务处理能力强的优胜者。他们能够独立做出决策，处理好本地区事务。通过晋升锦标赛模式筛选出来的优胜者，党组织给予了充分信任并将赋予其一定的政治权力。这个过程也是我们所说的"分权"的具体表现。当选的政府官员都要承担一系列责任，而随着地方权力的日益扩大，地方官员也拥有了更大的独立自主权。优胜者从晋升锦标赛中脱颖而出，这意味着上级组织就必须把权力下放，从而削弱了上级组织对地方主管事务的直接控制权。

晋升锦标赛引入了地区竞争

官员行政职务上的选拔和录用推动了不同地区间的经济竞争。面对以经济指标为评价标准的竞争态势，竞争者必定会加大对地区资本流动、资源配置情况的重视程度，在保证经济正常增长，不破坏自然生态的先决条件下推动各种生产要素的流通，以取得在各地区经济实力竞争的优胜。晋升锦标赛引入的地区竞争，在一定程度上能起到促进资源流动、促进各地区交流经验的作用，但如果只为了追求经济指标而恶意、盲目竞争，则会适得其反。

晋升锦标赛模式存在的问题披露

盲目追求数字的负面效应

晋升锦标赛提出的可衡量的指标既带来了积极的官员激励，也给懒惰者以可乘之机。上级盲目下发指标任务，下级片面追求数字、盲目搞发展的现象并不少见。为了取得竞争优势，很多干部不结合地方实际、不顾发展规律，盲目制定任期内的各项经济发展目标指数，片面追求地方生产总值增长，陷入"数字出政绩、政绩出干部、干部出数字"的新浮夸造假循环。一些竞争者围绕数字指标玩花样，并不是根据实际情况统计地区数据，而是根据其晋升需要弄虚作假、浮夸虚报。殊不知，这种对"数字政绩"的过分追求，对地方经济和本级财力造成了非常严重的伤害。

地区竞争的矛盾循环

竞赛中的参与者为了个人政绩而着力于地区经济建设，很可能引起地区间恶性竞争。地方政府为了促进本地经济发展，或会采取如地方保护主义、过度降低成本招商引资、大搞政绩工程等不理智的恶性竞争策略。基于自利目的，竞争者往往忽视了民生工程等公共基础建设，而将目光放在如何提升地方生产总值上，忽略了地区发展的长远目标而仅仅追求眼前的短期经济成果。地区政府间的恶性竞争，造成了地区财政收入的极大浪费。但随着经济的发展，居民对交通、医疗等基础建设的需求也在与日俱增，而晋升锦标赛的恶性竞争带来的直接后果就是无法满足人民群众的需要，难以提升本地区居民的生活水平。这与党政组织"为人民服务"的要义是背离的。

晋升锦标赛模式改革新方向

规范考核标准，加大监管力度

在晋升选拔中，必须强化干部考核工作，实行严格的问责制，避免出现大规模的数字工程和形象工程。 在审查监督方面，要组织好纪检委、审计、统计等职能部门协调合作，保证考察指标数据的真实性、有效性。 此外，还可以提高群众的参与度，利用信访、舆论方式建立群众监督机制。严查夸大做假现象，对严重影响党政纪律的违规做法要加大处罚力度，并且要做好宣传教育工作，力图实现人人遵纪守法、合规操作，杜绝搞政绩工程。

健全法律制度，限制地区竞争

地区间恶性竞争带来的矛盾循环，直接利益受害者就是群众。 上级组织在进行考核选拔时要密切关注竞争者个人工作成果的合法性，建立规范的地区竞争限制条例，严查地区的灰色收入来源，规范其合理合法部分，不给投机偷懒者以可乘之机。

地方保护主义产生的原因就是地区间的恶性竞争。 要避免地方政府利用行政权力盲目排外，就要深化市场机制改革，规范市场秩序，鼓励生产要素流通。 对于大企业要严格监管，必要时，实行重组、兼并实施政府干预，力图构建一个开放、公平竞争的良好市场秩序。

加强模范道德教育，强化服务意识

政府工作队伍一直以来就是为人民服务的队伍，在这支队伍中先后出现了焦裕禄等工作模范。 我们要更加重视工作队伍中的榜样力量，加强职业道德宣传，培养广大干部的爱党奉献精神，使广大干部养成"在其位，谋其事"的工作态度，恪尽职守，不做一个只谋己利的"理性人"。

结语

　　行政队伍建设对于政府工作来说极其重要，拥有一支优秀的公职队伍无疑会大大加速政府部门的工作效率，而一个一心为人民服务的政府也必定是一个能促进地区长足发展的政府。 在这个意义上，政府官员的选拔录用就显得更为重要了。 一位廉洁勤奋的领导不仅能起到模范作用，还能切实解决群众的需要，而一个懒惰、整日混体制工资的"无为者"就任，只会助长闲散不良之风。 在这样的政治背景下，选择什么人晋升尤为关键。

　　晋升锦标赛力图构建的就是在晋升选拔中的起点公平、机会公平，这一点是值得肯定的，但其暴露出来的问题也不容小觑。 数字政绩、恶性竞争都成了不可忽视的现实问题，也是官员激励扭曲现象的核心问题。 也有一些声音认为晋升锦标赛根本就不存在，否定晋升锦标赛的积极作用，认为在短短几年的任期内，很难反映出地区发展与个人领导指挥是挂钩的，也就不存在什么晋升锦标赛的说法。 更有一些人认为在晋升锦标赛模式中，选举投票、政绩反映都只是作为官员明面上的选拔条件，在后台操作中难免会考虑到其社会关系、政治派系，并不能说明其公平性。 在我看来，就算晋升锦标赛不可避免地摆脱不了亲疏关系的弊病，但至少它提出的量化评价指标的思路是值得肯定的，至少它在指标评价这一方面能做到有据可依、有料可查的相对公平。 可见，我们不能因为晋升锦标赛模式存在的问题就片面否认它的积极作用，而要想办法解决制度中遗留的弊病，不断思考如何应对官员激励扭曲问题。

别让表面现象骗了你

——读《看得见与看不见的》有感

文/刘心娟

　　"在经济领域，一个行动、一种习惯、一项制度或一部法律，可能会产生不止一种效果，而是会带来一系列后果。在这些后果中，有些是当时就能看到的，它在原因发生之后立刻就出现了，人们都能注意到它；而有些后果则得过段时间才能表现出来，它们总是不被人注意到，如果我们能够预知它们，我们就很幸运了。"有时，我们看得见的只是表面现象，但千万别让表面现象骗了你。

　　《看得见与看不见的》这本书篇幅不长，但其中却包含了对诸多领域问题的分析。它与另一经济学书籍《牛奶可乐经济学》很相似，都是借助分析各种经济现象来突出其中的经济学知识。但是与《牛奶可乐经济学》分析各个领域零碎的经济现象不同的是，《看得见与看不见的》这本书有一个侧重点：作者希望我们在关注那些看得到的经济后果之外也要善于去发现和分析那些可能暂时看不到的经济后果。巴斯夏在书中通过分析，把看得见的后果与看不见的后果进行了一番对比。通过看书，我不仅了解了这些现象，更是得到了一些启示与感悟：一定要学会全面、辩证地分析问题，要学会利用已掌握的知识对未来事物的发展方向进行预测，要努力成为一个有远见的人。

喜欢《看得见与看不见的》这本书，或许是从这个非常吸引我的标题开始的。 在生活中，无论身处哪个领域，我们都要面临各种选择，我们要做出各种决策。 作为一个理性人，我们追求利益最大化，总是尽力做出对我们自身最有利的选择。 在选择的时候，我们会权衡做或不做一件事的利弊，我们会考虑机会成本与收益。 不可否认，在权衡的过程中，我们不仅需要决策所需的信息，更需要对事物发展的敏锐的洞察力。 我曾经看到一个词"隧道视野效应"，它的意思是：一个人若身处隧道，他看到的就只是前后非常狭窄的视野。 这个词似乎也在传达着和《看得见与看不见的》这本书相似的道理：不能缺乏远见和洞察力，视野开阔，方能看得高远，若仅按照我们看得见的样子去理解，忽略看不见的方面，很有可能会做出错误判断。

《看得见与看不见的》这本书中我最感兴趣的两个话题分别是"破窗理论"与"节俭与奢侈"。 反复读作者巴斯夏对这两个话题的描述，我也获得了新的认知。

破窗理论

"好人"先生的儿子贪玩打破了一块玻璃，"好人"先生不得不花 6 法郎去换玻璃，于是玻璃匠得到了 6 法郎。 这时候有人说：快看哪，如果不是那个孩子贪玩，玻璃匠就得不到那 6 个法郎，资金就不会流转……由此引申开去，整个行业、整个经济体也会受益。

没读这本书之前，我头脑中的观点和文章中提到的那些老百姓类似。以前，我不小心摔坏了自己的鼠标，当时还以促进社会经济发展为由安慰自己呢。 之前我觉得打破窗户虽然造成了损失，但是它促进了就业，对社会来讲，似乎不是一件坏事。 隐约记得这种观点是高中老师讲辩证法时说到的，或许我以前理解的是一个假的辩证法吧……现在读了巴斯夏的分析，我才理解了什么叫作真正的辩证法思想。 巴斯夏写道：你只看到了你看得到的，没看到你看不到的，即便贪玩的孩子没有打破这块玻璃，"好人"先生也不会把那6个法郎埋到地下。 他可能用来修鞋，于是鞋匠拿到了那6法郎；他也可能用来理发，于是理发师拿到了那6个法郎……除了"好人"先生和玻璃工之外还存在着第三个人，我们一直没有留意到却一直藏在阴影中的第三个人。 他是这一问题中一个必不可少的因素，正是他向我们揭示了我们从破坏行动中能得到利润的想法是多么的荒唐。

我们不能忽略看不见的第三个人。 仅凭看得到的现象，我们很可能会以为破坏活动促进了经济的发展。 然而，结合看不见的这些内容，我们会发现事实并非如此。 破坏活动造成了资源（玻璃）的浪费，然而破坏活动本身却没有给社会带来多余的交易。 因为"好人"先生即使不找玻璃工换玻璃，他也会在市场经济中的其他部门消费掉这6法郎。

节俭与奢侈

对这个话题感兴趣是因为我觉得它比较贴近生活，而且作者巴斯夏让我对这个问题有了新的认识。 以前在家的时候，每次爸爸从超市买比较高端的东西回家，奶奶总会一边把它们放到合适的地方，一边说"怎么这么贵，为什么要买它……"。 爸爸每次都是哭笑不得地回应道："如果大家都像你这样想，超市恐怕要关门了……"之前我很赞同我爸的观点，我觉得如果不多多消费的话，怎么促进经济发展呀，节俭一定不是一个促进经济发展的好办法。 但是，在《看得见与看不见的》一书中，巴斯夏分析道："节俭从道德上要优越于奢侈。 这是无可争辩的。 令人欣慰的是，从经济的角度看，节俭也同样是优越的。"

蒙多尔和他的兄弟阿里斯特每人每年有 5 万法郎的收入。 蒙多尔花钱大方慷慨，挥霍无度。 阿里斯特的生活方式则跟他的兄弟截然不同，他花钱的时候很理智，只追求一些比较适度的、合理的享受，总是考虑自己孩子的未来，节俭度日。

蒙多尔挥霍的效应是所有人都能看得见的，而阿里斯特的行为带来的好处却不大容易被看见。 在大家看来，似乎蒙多尔这样的生活方式更能促进经济的发展。 人们或许会根据这些看得见的现象产生"正是由于他的花费，社会才能持续运转"这样的想法。 然而，巴斯夏却说：比较节俭的兄弟的花销，其实是同样多，甚至更多⋯⋯如果我们认真地探究，就可以完全肯定地说，他的所有收入，直至最后一个子儿，都会用来雇用工人，其作用跟蒙多尔的收入一模一样。 唯一的一个区别是：蒙多尔荒唐的挥霍必然使其口袋迅速瘪下去，最后总有没钱的那一天；而阿里斯特明智的花钱方式却会使他雇用工人的数量一年一年地增加。

人们很容易看得见的是蒙多尔的支出是由他本人直接花费的，并且只为满足自己的欲望，而人们看不见的是阿里斯特通过中介渠道花的钱。 实际上，对那些受他们消费活动影响的人来说，看不见的行为的效应与看得见的行为的效应是完全相等的。 通过分析阿里斯特的行为，我们可以发现隐藏在公众视野下的事实：阿里斯特所有的钱同样都投入支持了国家的工业，而且对国家工业发展来说，这种细水长流的支持方式要比挥霍无度的方式好很多。 下次回家的时候，或许我会借助这个例子对我爸说"历览前贤国与家，成由勤俭破由奢"，限制他的不必要消费⋯⋯

喜欢《看得见与看不见的》这本书的开头，同样也喜欢这本书的结尾，在一次课堂展示里我就曾引用过这段话。 我很赞同巴斯夏对生活中看得到的与看不到的经济现象的思考以及夏多布里昂对历史的看法："历史总是有两种后果：一种是当下的，几乎同时就可以认识到的；另一种则是比较遥远的，最初觉察不到的。 这两种后果经常是互相抵触的，前者出自我们短视的智慧，而后者则需要我们具有目光长远的智慧。"

对于目前中国经济的发展也是同样的道理，拿经济发展与环境保护之间的矛盾来说，习近平总书记在党的十九大上再次强调加快生态文明建设步伐，建设美丽中国，既要有金山银山，也要有绿水青山。 但是这一政策在落实的过程中难免会出现一些问题，如某省市追求地方生产总值指标而不重视环境保护，不严格执行中央文件。 很多企业家乃至某些基层办事人员单从表面上分析问题，觉得重视环境保护会削减他们的利润或地方生产总值，对生产发展无益，对提高人民生活水平也无益。 但是事实真的如此吗？ 显然不是！ 这些人陷入了形而上的思维误区，得出的结论是非常片面的。 如果我们借鉴《看得见与看不见的》一书中的观点，用辩证的思维方式去思考问题会怎样呢？ 表面上看，环境保护方面的支出增多了，但是环境质量的提升一方面会提升城市居民的幸福感，另一方面能够促进社会的可持续发展。 因此，从长期来看，整个社会得到的经济利益并不会因保护环境而减少。 再者，环境质量提高之后，可能还会带动相关第三产业的发展，带来更多的发展机遇。

有时我们眼睛看到的表面现象不一定是全面的，因此我们在做决策时，需要有长远的眼光，需要全面、辩证地思考。 如果仅凭看得到的现象，我们很可能会秉持着错误的认识，进而做出错误的判断。 因此，我们不仅需要关注那些能够看得见的事实，还要认真思考，深入发掘那些隐藏在表面现象之下的看不到的或不易看得见的现象。

我们要努力培养自己的逻辑思维方式，提高自己辩证分析问题的能力。《看得见与看不见的》这本书给我带来了一些新的观点，促使自己能够更加全面、严谨地分析和思考问题。 对我来说，读书的意义也正在于开阔自己的视野，培养一种独特的思维方式。 而学会辩证地思考问题对于大学生来讲也是至关重要的，作为当今社会的新一代接班人，这是必备的素养。

州南有海浩无穷

——读《刺桐梦华录》有感

文/裘真

我对于泉州的了解，始于一些纪录片、文学作品和我对宋史的一些零散的了解，也始于蒲寿庚人物评价的论战。我是出于对现有争论的好奇打开了这本书，然而作者是带着探讨港口城市的发展路径的心理开始写这本书的，目的的不同使得我无法很快融入这本书的节奏，知识背景的缺失更使得我的阅读进展极为缓慢，但是当我克服了这些困难之后我便很快被书中的内容所吸引。通过阅读《刺桐梦华录》，我也收获了很多关于古泉州经济、贸易方面的知识。

《刺桐梦华录》一书付梓于 2000 年，译成中文是 2012 年，我看时已是 2017 年。尽管从作者成书至今已近 20 年，但是这本书依然是独一无二的。近 20 年来仍鲜有有关泉州历史脉络、中古时期城市发展、中古时期海上贸易的书籍能出其右，甚至这些研究领域都鲜有人问津。认真品评过这本书、留下文字记录的人更是凤毛麟角。

前两天和一位好友聊天的时候也谈及中国史学史大多注重政治、文学、制度等"经史子集"层面的东西，甚少关注个体在历史洪流中的经历，也甚少关注市井文化、商业发展等和日常生活息息相关的东西，太过

126

于看重波澜壮阔、纵横捭阖的大历史，缺少对个体的关怀。而苏先生的《刺桐梦华录》一书是一种兼顾二者的尝试，希冀在二者之间、在传统史学方法和西方史学方法中找到平衡。《刺桐梦华录》既通过个体经历来推测历史全貌，也从宏观层面着手，探讨整个制度体系和政治背景。这一点在斯波义信先生的评论中也有提及。

在研究中古时期的著作中，许多学者都在着力探讨唐宋是否确有变革，唐宋变革的程度是否可以称得上是资本主义的前夜；也有许多学者更关注农业方面的状况，用农业状况去推测中古经济的发展状态。但是在《刺桐梦华录》中，作者的目光不再放在唐宋变革上，而是更多地关注宋元时期泉州地区的经济周期，也不再把重点放在农业上，而是更多地关注商业尤其是海外贸易。苏先生不仅将地域缩小到泉州，而且将领域局限于海上贸易。这使得其研究更为深入而精细，角度更为微观而新颖。

苏基朗先生的《刺桐梦华录》主要分为三个部分，第一部分探讨中古时期（10—14 世纪）闽南的经济表现，第二部分探讨闽南经济表现的空间性，第三部分运用新制度经济学的理论解释经济表现。

在第一部分中，作者将闽南在中古时期的发展分为四个阶段，分别描述了每个阶段的经济表现，并分析了各阶段的成因（斯波义信先生将其概括为"将闽南作为边疆来研究，再透视其经济发展的历史过程"）。在第一部分中，最具创新的部分大概是作者对于 Djanfou 港的辨析和经济表现成因的解释。Djanfou 港是泉州还是福州本身就存在争议，而苏先生单列一节来探讨，不仅是为了证明 Djanfou 港并非泉州，也是为证明泉州在唐代时商业并不发达，真正的经济起飞阶段发生在唐末的留从效和闽国时期。而苏先生对于 Djanfou 港经济表现的成因解释的许多观点与克拉克相左。克拉克后又撰文驳斥过其中的一部分观点，但是克拉克也无法否认的是，《刺桐梦华录》中分析泉州衰落的部分十分精彩，苏先生不仅考虑了海外贸易本身的原因，而且别出心裁地考虑到了货币因素、海外国家政权变更因素以及地方权力因素。 当地方拥有高度自治权时，哪怕权力集中在少数家族手中，也可以帮助地方有效抵御国家分裂带来的不稳定性。 在大一统时期，政治权力的地方化反而会阻碍地方经济的发展。 正如作者所言，当政治权力成为保障财富的决定性因素的时候，爆发大规模的内部权力斗争只是时间问题。 我认为这一观点可以说非常新颖，但是这一规律在其他地区是否可以得到验证仍然需要更多的证据，期待更多的阅读可以不断检验这一规律。 个人认为，全书的第一部分是史料基础也是相较而言创新之处较少的部分，大部分内容具有综述性质。 在第一部分中，作者的部分思考是发前人未发之覆，但是这部分内容相对较少。 最具创见性的是作者将泉州中古时期发展的四个阶段做出了明确的时间分割。

在第二部分中，作者运用施坚雅的"internally integrated region"（本书译作"内部整合区域"）概念，运用中心地理论分析闽南地区的空间区域系统。 苏先生首先分析了闽南整体的地域、人口分布、交通情况，然后单独考察了泉州这一中心城市，最后利用与遍布闽南各地的瓷器、窑址有关的最新考古发现成果来进行研究，论证了闽南地区贸易发展与随之而来的出口工业迅速增长之间的密切联系。 但是我认为苏先生在重构宋代泉州乡村结构的过程中存在一定问题。 他在重构的过程中采用的是"村"一级的信息，但是他只是提出"明清时期存在的那些村，很有可能就是在宋朝人口增长的高峰期形成的"，并据此假设村聚落的变化不是很普遍。 但是支持这一假设的证据却未提供给读者，不由让人怀疑其假设。 而现存的宋代的户籍资料较匮乏且不够准确，无论是作者还是克拉克都是通过明清时期的户籍资料反推宋朝重构人口分布的，这使得研究结果不一定准确。 此外，在估算泉州的城市人口的过程中，作者通过两篇文学作品中的记载来推算。 我认为这不一定准确，因为骈文、铭文中的"五十万""十万"极有可能是虚指，仅仅表示人多，据此估算出的近50%的城市化率未免偏高。 由于我对中心地理论的了解仅限于高中地理知识，因此，对于本书中运用中心地理论进行的大部分分析，我只能做到通读而无法做出更多的思考甚至评价。此为一憾。

第三部分我认为是全书最具创见性的部分，也是最有意义的部分。首先苏先生运用现代商业理论的模式，尝试分析闽南的"制度结构"，其分析开始于中世纪闽南贸易结构的描述（休·克拉克、王丽明，2008）。随后苏先生运用新制度经济学理论，通过分析正规制度制约和非正规的制度制约进而分析闽南经济的交易成本。在分析海外贸易模式时，作者选择了三佛齐作为分析范例。然而我个人认为，由于三佛齐是东南亚历史上被了解得最少的国家之一，如果选择三佛齐作为中外贸易模式的分析对象，势必会涉及众多三佛齐国家历史的考据（书中也的确涉及了众多三佛齐的历史考据）。这将不利于作者厘清海外市场的贸易模式，反而会使得其在行文过程中逐渐偏离主题（所幸书中并未偏离主题过多）。在这一部分中，苏先生尝试引入经济学、法学、社会学相关知识来探讨闽南的交易成本问题，这是一项创举。自年鉴学派起，历史越来越成为一门综合性学科，斯波义信先生在《宋代江南经济史研究》中也强调，解决历史问题需要搭建人文学科和社会科学学科之间的桥梁，运用社会科学的理论来解释历史问题。在这里，作者采用新制度经济学、社会学理论，将那些不可计量的、变化无常的、非正规的制度制约并入海外贸易实践中，并认为这是对正规制度制约的加强。但是，诚如作者所言，"要在这些制度的历史现象与海上贸易交易成本降低的变量之间，寻求定量联系的经验证据，将是徒劳无功的事。从这个意义上来讲……本章也旨在建构阐释，而非进一步发掘更多有关闽南经济的显微细节记录"。因此作者在最后的三章中运用了大量的史料和推理说明，试图在新制度经济学理论的框架下用考据支撑结论的推导。而非正规制度制约的部分同时也解决了"为什么是泉州"的问题。这使得泉州的特殊性再一次得到了体现。

《刺桐梦华录》作为一本研究中古时期闽南市场经济的区域经济史书

籍，使用了很多西方学者通用的区域经济史研究方法，如采用了施坚雅的以中心地理论为基础创造出的一套系统的区域理论。施坚雅的理论着眼于市场系统、重视河流，更适用于中国的明清时期。而施坚雅的理论是否的确与中国历史上的状况相适应，闽南在中古时期的市场经济情况是否已经达到了明清水平，闽南在中古时期的市场经济发育程度能否适用施坚雅的理论……对于这些问题，书中暂且存疑。作者在第三章第四节"农业的商品化"和第六章第一节"区域行政分划和城市系统"谈及闽南地区的市场发育程度问题，但是对于闽南地区的市场经济发育全貌未做描述，而我认为闽南地区的市场经济发育状况是施坚雅的理论可以运用的前提。

此外，《刺桐梦华录》全书对于闽南地区内部的发展脉络梳理得十分清晰，对闽南地区发展的周期划分得十分准确，对周期成因的解释也十分到位且视角独特。在研究闽南地区长期经济增长的过程中，作者引入了新制度经济学，加入了制度因素的研究，十分富有创见性。在非正规制度制约部分，作者对于在经济增长时期非正规制度有何促进作用的推导十分细致，而对于在经济衰退时期非正规制度所起作用的描述却略有欠缺。

读完《刺桐梦华录》，我又开始读《宋代江南经济史研究》。两本书同为宋代区域经济史专著，但是《刺桐梦华录》相比于《宋代江南经济史研究》更少涉及区域间的比较，也缺少区域间的互动描述。个人认为，区域经济史探讨的是"为什么发生在这里""为什么没有发生在别的有相似条件的地方""是什么导致了这个区域的不同"。在《刺桐梦华录》中，我所好奇的"为什么没有发生在和泉州有相似条件的地方"问题并未得到充分解答。

随着新经济史学的发展，经济史研究在经济学中的地位不断上升。这促使了经济学研究视野的回归，越来越多的经济学家将目光放到了历史上，用经济史来推动经济学的发展。例如，新经济史学有关经济增长因素的历史考察就极大地推动了经济增长理论的发展。经济史是经济学理论创新的基础。　任何理论都来自实践，经济理论更是人类历史上经济实践的总结。　经济理论由于其自身系统的完整性和逻辑上的一致性，一旦形成就有相对的稳定性，如果局限在理论体系内，很难跳出原有框架。　因此，无论是开辟新领域的创新，还是修正旧理论的创新，都只有从实践的材料出发进行探索，才能完成。

改革开放以来，中国的经济建设发生了极大的变化，尤其是从计划经济向市场经济的转变。　我们正处于这个时代巨变的历史进程之中，因此大家的注意力都在应用经济学方面，希望找到一套能够适用于中国的体系。但是，我们须知每一个国家的国情是不同的，而国情正是在历史中产生的。　通过回望历史，我们得以了解我们置身其中的经济遗产是如何在人类适应自然环境的过程中、在人与自然的互动过程中、在人与人之间的互动中形成的。

了解经济史不只是理解人类过去的经济生活，更重要的是能够通过经济史的研究窥见人类过去的整体轨迹，用这个轨迹来推导未来的轨迹会去向何方。

历史哲学篇

聪明清晰，而且忧心忡忡

——读《新教伦理与资本主义精神》有感

文/张计宇

　　社会学是俗世的哲学，或者说是世间哲学。 天下熙熙攘攘，嚣嚣扰扰，社会学家就试图从纷繁迷离的世事中剥离出骨骼脉络，并且尽可能精确而清晰简洁地刻绘现实的本来模样。 在我看来，一个社会学家的半个灵魂就是哲学家。 而马克斯·韦伯恰好身兼两种角色。 司汤达总结了好哲学家的品质：清晰，干燥，没有幻象。 这三个词汇也可以用在好社会学家身上，不过要补上两个属性：刻挚和敏锐。 清晰、干燥、没有幻象是说学者诠释的东西明了、清楚，有着干净或肃穆的效果。 刻挚是指其话锋的锐利度、琢磨的狠劲和解读的刻薄程度，而敏锐意指其学问的胥融陶铸程度和衍生出来的阅人观世时的疼痛感。

　　手中这本《新教伦理与资本主义精神》，并不佶屈聱牙或盛气凌人。我们读到的是一个社会学家缜密而清晰的思考。 在文章后面，马克斯·韦伯就像一个彬彬有礼的谦谦君子，几乎没有自以为是的武断结论和简单粗暴的攻讦，而是慢慢地沿着理路，款款道来。 这样的姿态是让人自在舒服的，也给韦伯自己省了许多口舌上的纷争。 韦伯被誉为"西方之子"和"资产阶级的马克思"。 他和马克思都曾对资本主义的发展框架和内在禀赋展开了独到的阐释，并且在各自的阐释向度上极具声誉。卡尔·马克思赋予资本的原罪让资本主义的舆论印象不那么讨好，马克思主义者们辛苦张罗起来的经济决定论也很有市场。而韦伯对于新教伦理与资本主义精神内在联系的探讨，可以视为对卡尔·马克思思想的一种修正和拓展，即清教教义在某种程度上内化为早期资本主义精神，也是资本主义发轫的一个基点。

现依我的理解来简述一下韦伯的思想。西欧正统天主教素来认为世俗经济无补于道德风尚，贪婪图利是不可饶恕的罪孽，讲究避世的修道院禁欲主义，以致有断语称商人从来得不到神的欢心。而宗教改革后蔚然兴起的清教教派的天职召唤等教义和等候圣灵等神学信条为人们聚敛财富提供了意识形态上的确认和合理化，开启了理性化的世俗禁欲主义。韦伯着重分析的是路德宗与加尔文宗。路德教派确乎提升了世俗活动的质量，但其信仰仍然因循了传统，没能像加尔文教派一样能够强力地催动着世俗禁欲主义的生长繁荣。加尔文教派宣扬"预定论"和"天职观"，即上帝创世时就把人分为"选民"和"弃民"两种，并且以此来衡量世人是否得到了上帝的恩宠。依此教义的阐述，个人是否可以得救，已由上帝决定在先，即便是虔诚的信仰和崇高的善行这类后天的行为，也无法改变已被决定的命运（类似非常极端的宿命论）。对于想要知道自己是否属于"上帝选民"的人们，只有一条道路：听从"神"的召唤，恪守信义，并为赎罪而在世俗职业中努力恪守天职，从而就能获得超度。聚敛起来的财富，就是用来彰显自己恪守天职的表征。这个过程要求人专注于创造财富而节制欲望。这种清教思想，逐渐凝结为早期资本主义的精神内核，构成资本主义理性化的职业伦理。然而，韦伯忧心忡忡，他意识到了这种情形的吊诡之处。增益上帝荣耀的虔诚和狂热淡褪成冷静的经济理性，"宗教的根慢慢枯死，让位于世俗功利主义"，资本主义精神的工具合理性和价值合理性开始破裂，天职的观念逐渐消泯，留下的只是经济秩序，干枯而冰冷，像一副枯骨，价值和意义已然脱落凋零。资本主义精神的宗教基石被死的秩序和机械替代了。书快要完结的时候，韦伯这样评判了一个可能会到来的时代：专家们没有灵魂，纵欲者们没有心肝，而这些废物们却幻想着自己抵达了空前的文明程度。这话说得凄怆又伤感，也就是在这里，我们看到了一个社会学家，或者，一个哲学家的焦灼不安和刻挚悲凉。这本书也在此抵达了它最柔软、最狠心、最忧伤的地方。

在展开后续讨论前，我希望先阐明我的两个看法：第一，韦伯并没能也或许不能论证出新教伦理与资本主义精神的强因果关系，为此，他还借用了当时化学里的术语"内在亲和性"来阐释这种煞有介事且可能实有其事的关系；第二，韦伯在书首和书末都强调他不是要搞单因决定论，宗教伦理只是一个可能比较强有力的因子，经济结构的演进、民族风俗等的作用并未被忽略。长期以来，很多人都认为两人是水火对立的。《新教伦理与资本主义精神》一书也被简单粗暴地贴上反唯物史观的标签。我们不妨商榷商榷，韦伯的理论框架究竟是对马克思思想的修正和拓展还是水火不两立的针锋对抗？

韦伯批判视域中的唯物史观其实"相信经济因素是真正的因素，是唯一真实的因素，并且是一种最终无所不在的决定性因素"，即经济单因子决定论。1904年，韦伯在《社会科学和社会政策中的客观性》中指出，社会理论所关注的经济现象理当分为两类，受经济制约的现象和与经济关联的现象。这一分类将使其视域"自然地扩展到文化生活的全部"，而所谓唯物史观，即偏激粗暴的经济单因子决定论，只是"盛行于不求甚解者和门外汉中的教条"，是"最陈腐的假定和最一般的话"。在《宗教社会学文选》导论中，韦伯解释说，我们承认经济因素的基本意义，因而在每种解释中都优先考量经济因素，可也不能罔顾反向联系。经济会受到其所置身的社会自主性结构的规制和催动，它所参与构建和所处的文化制度场域会对它产生相当程度的影响。当马克思主义者们扛着马克思的大旗一路横冲直撞地把历史唯物主义删略成经济唯物主义时，恩格斯声色俱厉地声明经济决定论绝非他和马克思的观点："根据唯物史观，历史过程的决定性因素归根到底是现实生活的生产和再生产。无论马克思或我都从来没有肯定过比这更多的东西。如果有人在这里加以歪曲，说经济因素是唯一的决定性因素，那么他就是把这个命题变成毫无内容的、抽象的、荒诞无稽的空话。经济状况是基础，但是对历史斗争的进程发生影响并且在许多情况下主要是决定着这一斗争的形式的，还有上层建筑的各种因素。"

概而论之，双方都与逼仄狭隘的经济决定论划清了界限，并且都认同更为广泛的社会文化结构与经济架构对彼此的驱动和催化。韦伯在书中批判了宗教改革是经济变迁驱动的必然结果后，随即明言否定了宗教经济伦理决定论。"另一方面，我们也无意于坚持这样一种愚蠢的和教条式的论点，即资本主义精神的兴起是宗教改革产生的某种影响的后果，甚至说，资本主义作为一种经济体制是宗教改革的创造物。"依照韦伯自己的说法，他的研究旨在测度在资本主义精神的生息中宗教伦理究竟有何作用和其作用强度，非黑即白选边站然后头脑狂热地为某个决定论摇旗呐喊，实在是无所裨益和全无必要的愚蠢行为。我们将韦伯放置在马克思原初思想的对立面，或许是有欠考虑的。我甚至不妨这么说，韦伯对狭隘唯物史观的严峻批判其实还没能脱离马克思原初思想的模糊界限，是对马克思思想的一种修正和拓展。对立不是发生在韦伯和马克思之间，而是发生在韦伯和某些马克思主义者之间，发生在一个和马克思一样严谨聪明的社会学家和盲目狂热的误读者之间。在这场对立中，我们不妨说马克思和韦伯其实是统一战线的，韦伯所做的，是试着从另一个向度补充马克思对资本主义的解读。

韦伯和马克思其实有着很深的思想渊源。早期的韦伯对马克思思想相当推崇和关注，他当年的讲师资格论文《罗马农业制度的历史对罗马公法与私法的重要性》（1891）就颇为重视社会演进中经济因素的影响。其

《古典西方文明衰落的社会原因》创造性地借用了马克思关于经济基础与上层建筑的理论，指出导致罗马文明衰落的主要原因就在于其内部经济结构的变化："一种伟大的文明显然达到完美的巅峰，然后因失去经济基础而土崩瓦解。"这种说法与马克思的某些论点十分相似。韦伯在该文中的阐释模式与历史唯物主义别无二致。甚至有研究表明，正是在马克思思想的熏陶下，韦伯的视野才逐渐从琐碎的事件扩展到一般性的社会深层逻辑。韦伯比马克思晚生几十年，恰逢一个价值重估的时代，诸多思潮游荡着，社会结构与类型也难以稳定下来。英国的经验主义尤其是古典经济学中的功利主义，德国的唯心主义与历史主义传统、新康德主义、马克思主义都曾对韦伯思想的形成产生过深刻的影响。我们当然不必要夸大马克思思想对韦伯思想的影响，但可以看出，马克思与韦伯的思想在很早的时候就有了交集。

韦伯很好地阐释了宗教经济伦理对资本主义精神的影响，至于是不是刻意粉饰了剥削现象，我们不做更深的讨论。但他关于宗教经济伦理产生的论述很可能是不完备、不可靠的，后来的一些宗教文化研究也表明了路德宗与加尔文宗的经济伦理演进并非如韦伯预设的那样。对于宗教改革为何会发生，韦伯在某种程度上保持了缄默。归根结底，经济结构的变动引起的矛盾激化会是一个很要紧的缘由。当然，通过前面的讨论，我们知道韦伯并不否认这样的考量，因此我们也不准备以此诘难他。

韦伯触摸着现代性的义谛："我们的时代是一个理性化和理智化，尤其是将世界的迷魅加以祛除的时代。它的命运便是，那些终极而最崇高的价值已从社会生活中隐退。"在流俗的叙事里，这是挣脱愚昧和晦暗，走向光明的启蒙开化的历程，而在韦伯眼里，这是一个意义被消解、价值在隐没的悲剧，现代人的生命体验陷落了，"注定要生活在一个既没有神也没有先知的时代"。依刘小枫先生的见解，"韦伯的'世界脱魅'论不过重复了马克思的'彼岸世界的真理消逝'的论断"，但韦伯拒绝让社会科学充当世俗世界中的替代性的神圣真理，而让社会科学成为一种宗教性的政治批判。 这种差异显示了韦伯和马克思在现代性处境中的不同立场：韦伯认为在这一处境中的学者的"历史任务"不是确立此岸世界的真理，而是黑暗时代中的守夜。 韦伯在《以学术为志业》讲演的最后，提到了《守望者之歌》："守望的啊，黑夜如何？ 黎明将至，黑夜依然！"在韦伯那里，现代性带来价值和意义的陷落，使人们只能在黑暗之中孤独守望。 马克思宣判了何为腐朽，预言了资本主义的崩坏和灭亡，并许下了一个足够美好的愿景；而韦伯没能延续他诚挚的批判，他看到的只是无限逼近的寂灭和冰冷。 他聪明清晰，而又忧心忡忡。

　　韦伯"接驳了世俗与宗教、生活与信仰、此世与彼岸"，虽免不了有牵强敷衍的地方，但整体上却还新奇而明晰。 他的学问一如他的照片，不怒自威的胡须，沟壑纵横的皱纹，聪明清晰，却眉头紧锁，忧心忡忡。 我们感念这个学者对资本主义精神独到的解读，不管在实证上和在理论上是否存在不足，都有着不可磨灭的价值。 我们不妨说，正是这样聪明清晰而又忧心忡忡的思考指引着我们走向璀璨而明亮的地方。 现实荒芜，只有灼痛清晰的认知才能更深地读懂风景。 我们感谢韦伯！

梦境构成与目的性

——读《梦的解析》有感

文/刘朴薤

  谈到梦，大多数人会联想到那些不切实际的臆想，或是与之相对应的更不切实际的个人前景预期分析。中国的传统故事中更是有着大量以梦作为线索引导故事发展的例子。然而，梦作为潜意识的活动分子，也会有着明确的产生发展模式与解读方法。我们必须明确，梦并不是用来计算个人命运的工具，也并不完全是对于将来的感知——梦只是过去所发生的一切的重现。以弗洛伊德的《梦的解析》为引，我们可以尝试着对荒诞离奇的梦境进行一系列的解读，并帮助我们发掘自身潜意识试图去掩盖或已经被忽视的事实。在本文中，我将尝试着对《梦的解析》中对于梦境的产生与目的性的描述进行简要的概括，也会言及一些自身对于梦境的认知与理解。

  在对梦境进行解析之前，我们需要明确梦的产生与改装流程。梦来自现实生活中储存于潜意识中的记忆。生活中的琐碎之事，都会以与之相关的实体模式储存于大脑的记忆区域。而那些不太重要或是我们希望它变得不重要的事，即使储存在大脑中，也不会被我们的主观意识所察觉（即所谓的"防御机制"）。然而睡眠会使这种防御机制变得脆弱，潜意识中的实体记忆也会被我们的大脑释放出来，并通过一些随机的组合，与主观意识层面的记忆相融合，从而形成全新的实体模式，即"梦的组装"。 故而梦境之所以令人觉得离奇，是因为它们是不同事物不同特性的融合。 也可以说，是我们的大脑，让自己感觉到了困惑，仅此而已。

进行梦境解析的第一步，我们要知道大脑提供梦境的目的是什么。 弗洛伊德的观点，即为"对于现实的补充与满足"。 在大多数情况下这种解释十分恰当：我们在梦境中吃到了朝思暮想的慕斯蛋糕；我们在梦境中与倾慕已久的心上人确定关系；我们在梦境中见到了过世已久的亲人——然而，很容易想到，在表层上，一些"噩梦"（在这里我将一切结果不尽如人意的梦都归为噩梦，而非单指使人受到惊吓的梦）或是"毫无意义的梦"看似不能被归入"对于现实的满足"这一类。 就"毫无意义的梦"而言，其实它更多的是带给我们轻松愉悦的感受。 例如，你梦到自己在旷野上骑马，或仅仅是坐在长椅上什么事也不做。 事实上这只是大脑想让你日常紧绷的神经得到一丝放松，换言之，即便你是工作狂，潜意识中还是会渴望安逸的生活。 而毫无意义的梦对于调节神经的紧张性显然是十分有用的。

对于噩梦而言，情况也许更为复杂。 首先，我们将梦境分为单层与多层（就像《盗梦空间》那样）。 很多人都有过在梦中做梦的经历，即所谓的"多层梦境"。 类似于语文中的双重否定句，多层梦境只是你对于所不希望发生的事情的否定。 你在第二层梦境中，梦到自己被丑陋的怪物追逐，无法脱身，于是你在第一层梦境中惊醒，发现刚才的一切都是假的，是虚幻的。 这便是你对于所不希望发生的事情的否定，而这种虚幻的假设恰巧能够满足人们对于不希望发生的事情的抗拒心理。 你希望"这一切只不过是个梦而已"。 而对于单层的梦境而言，"渴望受到惊吓"或是"渴望不幸的事发生"这些说法显然十分荒谬。 为了了解这种梦境的产生模式，我们需要清楚地认识到自身潜意识与意识的剥离程度。

人类的潜意识中有很大一部分是被自身搁置或压抑的记忆内容，童年时期的碎片化记忆也大多存放于此。 然而在童年时期，人们显然难以形成良好的价值观念与责任意识。 例如，孩童对于死亡的认知，也许仅仅是"长久的睡眠"而已；对于令人恐惧的怪物，孩童也许只有直观的色彩与形状感知。 由此，我们可以认为，潜意识在某些节点还保留着一个孩童的思维，对于噩梦的内容也许并不将其视作"噩梦"。 而将梦境内容视为噩梦的主体意识，如果能够在睡眠阶段与潜意识在很大程度上剥离开来，其在睡眠阶段会进入一个休整期，对于本体的掌控能力自然也会变弱，从而任由噩梦继续发展下去。 书中的一个例子可以对这种情况进行很好的说明：我们有时会梦到亲人的离世，这种梦境的结果显然不那么令人愉快。其实在童年时期，亲人的某些举动会使孩童感到"厌烦"，从而希望亲人能够暂时"睡去"。 而孩童对于死亡的不充分认知，又使得他们常常将死亡与睡眠混为一谈。 这种记忆被储存在潜意识中。 由于主观的审查防御机制，这种不合常理的"意愿"自然不会被允许进入主层记忆中。 于是潜意识中的"愿望"在睡眠时被释放出来，由此，令人厌恶的噩梦就产生了。

当个体的主体意识与潜意识的剥离程度没有那么显著的时候，我们在梦中时常会出现主观意识与潜意识并存的状态。 在平常的生活中，事物反复的刺激会使大脑反射形成一种思维定式。 而过分的忧虑使得大脑的主观意识层面在睡眠的过程中也没有得到充分的休整，从而"循环播放"所忧虑的内容，即人们平时所说的"日有所思，夜有所梦"。 在这种情况下，人们的潜意识往往与意识混为一体，我们平日常见的"噩梦"，大多属于这一类（非噩梦的梦境亦是如此）。 在这种情况下，梦境的实现机制已经不能被称为"愿望的实现与对现实的满足"，因为此时人的主体意识与潜意识混为一体，难分彼此，潜意识中对于现实的满足能力自然也就无法发挥出来，而主体意识中的担忧记忆则会被更加充分地激活。 换言之，此时的"梦"与我们前面所提到的"梦"的概念有些许差异。 这种情况下产生的"梦境"反而与"白日梦"或是"空想"有着更多的相似之处，即在极为浅程度的睡眠中引起的感知游走，也可以说是并没有进入真正意义上的睡眠所引起的主观意识活跃。由于梦本身就是浅度睡眠的产物，这种更为浅程度的睡眠自然也不会令人觉得安稳，"在噩梦中惊醒"的感受便由此产生。

谈及主观意识与潜意识的关系，我们不得不提及一个有些被神化的名词——清明梦。所谓的清明梦，或称之为清醒梦，其定义为，在梦中的主体感知到自己在做梦。由于互联网信息爆炸式的传播速度，这一名词被部分人视为神秘的代名词。用弗洛伊德主观意识与潜意识的分析思路来看，这种现象产生的主要原因，仅仅是潜意识与主观意识的过分独立。在极浅度的睡眠中，人的主观意识没有得到完全的休整，从而对潜意识支配的梦境产生了一定的干涉效应，由此主观意识便有可能认识到潜意识的存在（像《盗梦空间》里的情景一样）。当主观意识强到一定程度的时候，自然有可能对梦境中的事物进行一定的调配与组装（即主观层面的梦的组装）。由此可见，所谓的"清明梦"也并没有他人所想的那般神秘。举一个浅显易懂的例子，无论一个人的年龄如何，在生活中的任何时刻我们都有可能会产生一些"臆想"，即所谓的"白日梦"。天马行空的遐想中的内容，自然可以随着我们的意志游走，而且这种支配想象的能力也不会让任何人感觉到讶异。在想象的过程中，我们的主观意识也许会对外界的信息接收有一定的拦阻作用（也就是所谓的"溜号""开小差"）。倘若我们将这种拦阻作用进行加强，很容易想到我们就会进入浅度睡眠的状态。而在这种浅度睡眠的状态中，我们拥有对所想象的内容进行干涉和支配的能力又有什么值得奇怪和感叹的呢？

梦的成因十分复杂，想要真切地了解一个梦境所蕴含的意义必然是一件庞大的工程。部分解梦类书籍，往往将梦境中的事物赋予了深层次的代表意义，以此来对做梦者本身的前景进行预期。以科学的观点来看，从随机事物来推断将来的确定性事件未免有些荒诞，但是梦境实例的对照性却真实存在，它所体现的绝非前景预期，而是对过去所感知到的事物特征的随机组合，而这种特征的代表作用又与做梦者本身的宗教信仰、年龄、受教育程度等有着密不可分的联系。 例如，在虔诚的基督教徒的梦中，一条绳子往往会伴随着不幸的连锁事件。 这是因为绳子与蛇有着些许相似之处，而蛇这种生物在宗教文化中是不幸与厄运的象征。 自身的特性只有自己最了解，如果能掌握属于自己的梦境解析方式，虽然无法对个人的前景进行预期，但是能够帮助我们更好地了解自身的需求与忧虑所在，甚至能够帮助我们认识到自身潜意识试图掩盖或者不愿为我们主体意识所承认的真实想法。

最后一点，我想谈谈有关潜意识的形成流程与其在梦中发挥的作用。在弗洛伊德的心理学理论中，意识的结构被比喻成这种形式：无意识系统是一个门厅，各种心理冲动像许多个体，相互拥挤在一起。 与门厅相连的第二个房间像一个接待室，意识就停留于此。 门厅和接待室之间的门口有一个守卫，他检查着各种心理冲动，对于那些他不赞同的冲动，他就不允许它们进入接待室。 被允许进入接待室的冲动，就进入了前意识的系统，一旦它们引起意识的注意，就会成为意识。 弗洛伊德将潜意识分为两种：一种是潜伏的但能成为有意识的潜意识——前意识，另一种是被压抑的但不能用通常的方法使之成为有意识的潜意识——无意识。 谈及大脑的记忆规律，我们很容易想到艾宾浩斯的遗忘曲线，或是控制记忆的海马区等科学名词。 在潜意识层面，大脑对于记忆的筛查功能有着很突出的作用。对于已成为意识的心理冲动，自然会被暂时性地列入记忆范畴，而随着时间的推移，被筛查功能认定已经不重要或是由于心智成熟而觉得"不合情理"的观念，自然也会被"请出"上文所提及的"接待室"。 童年时期的某些观念，自然不会被认证为"合理"从而进入记忆范畴，但在睡眠时期，一些观念也会随着接待室的修整而在思维活动中随机地占有主导地位，少数的观念也许会突破守卫的防守，进入接待室中，与主观意识一起，成为我们对梦境的记忆内容。 显然，大多数梦境在我们醒来的同时会被我们遗忘（相信很多人都有这种感受）的原因就在于，思维只活跃于潜意识支配区域而未进入记忆范畴，或是在进入了记忆范畴之后又被抹去。 同时，我认为大脑的记忆形式与计算机程序语言也有些许相似之处，其对于记忆内容的筛选，就如同一个多层嵌套的回收站系统。 筛选系统所认为不重要的内容，会随着时间的推移而逐渐被清理进下一级的回收站系统中（当然，也可能被还原回上一级）。 被清理的次数越多，即时间越久远，其被还原到主意识中的可能性就越低，因此它们在梦境中出现的可能性也会随之降低。 梦境中的内容，大部分是现阶段所经历过的事情，原因就在于此。 从表层上看，随机出现的心理冲动，在梦境中进入主意识的概率几乎相同。 弗洛伊德所持有的"梦境的组成内容是更多表现自身需求的心理冲动"貌似与之矛盾。 然而，更大的需求性意味着心理活动更为活跃，其进入"接待室"的可能性自然也会更高。 同时，迫切希望实现的愿望往往早就在"接待室"中了。 在上文提及的"潜意识与意识同时存在"的梦境中，这种心理活动往往极易在浅层梦境中被触发，并以主体的位置，与之前混入的潜意识梦境一起，构成荒诞离奇的梦境自我实现形式。

探讨梦境，在当今的速食化信息时代似乎毫无意义，然而，树立正确的梦境与现实的观念，对于现代人无所适从而听信所谓"边缘科学"的心理状态，有着很好的矫正作用。 我们需要通过梦的根源，更好地了解自我。 同时，对梦境内容的正确解读，能帮助我们了解到自身潜意识中要掩盖的真实想法。 相信随着心理学研究的继续深入，梦境的产生机制也会更为明朗，其所代表的内涵也会更为人们所知晓。 也许有一天，人们会使得梦境更加可控，从而使得梦这一看似神秘的理想载体，如同如今的催眠术一样，成为心理疾病患者的一剂良方。

万历群星闪耀时

——再读《万历十五年》有感

文/白锐

历史往往是拔一毛而身为之变，牵一发而千钧尽出。历史学家黄仁宇选取看似平淡无奇的一年——公元 1587 年为切入点，以一种"大历史"观描写了万历年间群星闪耀的情景——皓月坠入山峦，群星闪耀，能否于弓之未满时力挽狂澜？如遇冰山一角，一触即发。

《明史·神宗本纪》结尾言：明之亡，实亡于神宗。这个明朝享国时间最长的皇帝，庙号神宗。"神"字的含义是"圣不可知"，原指德行之高，令百姓不知如何评价，少有帝王当得起这个称号，故有人说这是寓贬于褒，讽刺他神龙见首不见尾，隐居深宫数十年，不见朝臣，不理朝政。

万历皇帝的老师、万历年间第一任内阁首辅兼新政的策划与执行人张居正过世后，"万历十四年（1586 年）十一月，明神宗开始沉湎于酒色之中（一说是染上鸦片烟瘾）。后因立太子之事与内阁争执长达十余年，最后索性三十年不出宫门，不理朝政，不郊、不庙、不朝、不见、不批、不讲"。

看这位皇帝的行径，竟颇像一个任性赌气的小孩子。这听起来有些荒诞，但事实上，万历皇帝不就是个一直长不大的孩子吗？明穆宗驾崩后，

146

10 岁的朱翊钧即位，这位小皇帝在张居正的辅佐与庇佑下学习着为君之道。 张居正是严师的典范。 而对于张居正，沈德符在《万历野获编》中说："（张居正辅政）宫府一体，百辟从风，相权之重，本朝罕俪，部臣拱手受成，比于威君严父，又有加焉。"有着皇帝最大的信任，张居正又与"大伴"冯保结成同党，也许就是这样的天时、地利、人和，让张居正大权独揽，而小皇帝实则君权旁落。 等到后来，张居正去世，身败名裂了，他带给万历帝的阴影却始终挥之不去。 万历帝还是无法真正地成长，"因为不久之后，他就发觉他摆脱了张、冯之后所得到的自主权仍然受到种种约束，即使贵为天子，也不过是一种制度所需要的产物"。 对于一个试图做出改变的当权者，没有什么比无能为力更使人绝望的了。 万历年间税收制度十分混乱，这是自明太祖朱元璋以来就有的问题：县一级辖区税收孰高孰低？ 土地几经流转，所有权如何处置？ 旧税未清，新税又累，加之行政体制上的罅隙，形成了文官以仁义道德相标榜又为体制漏洞所引诱的双重人格，层层关系盘根错节，令人窒息。 在这种制度下，万历皇帝朱翊钧永远不能成为一代伟大的帝王，所以他如孩童一般任性，不过是为了宣泄内心的不满和不甘。 到了万历末年，从楚党领袖人物吴亮嗣的一封奏疏中可以看出这位皇帝更深的暴躁与悲凉："皇上每晚必饮，每饮必醉，每醉必怒。 酒醉之后，左右近侍，一言稍违，即毙杖下。"身为天下之主，虽能左右他人生死，亦要听凭命运的摆布。

至于张居正，他对于这种制度，一直存心改变，但到了他身死的那一天，他的改革也未能完全成功。 帝心已失，一时间文官们疯狂地反扑清算，如秃鹰分食腐尸一般，任他生前手眼通天，还是握不住最后的缰绳。黄仁宇在《万历十五年》中，肯定了张居正，但仍称他"自信过度，不能谦虚谨慎，不肯对事实做必要的让步"，又谈到"张之运动不能算是整体的改革或局部的改革，它不过重整纪律而严格地奉行节俭"。 梁启超在《中国六大政治家》一书中，将张居正与管仲、商鞅、诸葛亮、李德裕、王安石同列。 王世贞"心服江陵之功"，但在《嘉靖以来首辅传》中批评他"器满而骄，群小激之，虎负不可下，鱼烂不复顾"，"没身之后，名秽家灭"。 人们对张居正的评价可谓毁誉参半。 他妄图以一己之力匡正一国之颓势，自然是以卵击石，毫无胜算。 以此看来，一个人哪怕再强势，也无法与大环境下长期形成的制度相对抗，除非联合众人，并能忍耐漫长的蛰伏时光。 而偏偏张居正太过刚愎自用，他急于改变现状，心有华夏却未有肱骨臂膀，堪堪杀出一条血路亦不能久矣。"横渠四句"有言：为天地立心，为生民立命，为往圣继绝学，为万世开太平。 张居正的心性正如"横梁四句"中的首尾两句所言，宏大如巨幕，其人炬若彗星，然皓月已落。

我认为《万历十五年》中的其他人物也大多牺牲在这种制度下，如那个富有传奇性色彩的人物——海瑞。 海瑞的耿直与诚实如今妇孺皆知，当真是两袖清风，当真是铁面无私。 但为何这样的官员楷模始终郁郁不得志，成了一个悲情人物呢？ 因为海瑞的道德是如此高尚，以至于旁人需要仰望他，怎么追也追不上他，或者说，他们只愿意仰望他，而从未打算效仿他。 海瑞"不协于公论"，他与周遭的官僚是那么的不同，对其他人来说，道德伦理是道德伦理，做事时则另有妙法。 他与当时的制度、环境是那么的格格不入，而他从未想过去迎合它，所以他必然是要遭受排挤的，必然是无法得到重用的。 更直白地讲，圣旨尚不能说明皇帝的判断高于常人，道德的高低亦无法建立绝对的权威，无法为别人所承认，所以圣贤不能代替法律，况且人非至圣，"以熟读史书的文人治理农民，这不可能改进司法制度，更谈不上人权。 法律的解释和执行离不开传统的伦理，组织上也没有对付复杂的因素和多元关系的能力"。 总而言之，个人道德之长，是不能补救制度之短的。 这就是海瑞的悲剧命运所在。

万历年间群星闪耀。 记得李敖在《李敖快意恩仇录》里写道："人物中我偏好'性格巨星'式，像东方朔、像李贽、像金圣叹、像汪中、像狄阿杰尼斯（Diogenes）、像伏尔泰、像斯威夫特（Swift）、像萧伯纳、像巴顿将军（Gen. George Patton），我喜欢他们的锋利和那股表现锋利的激情。"万历年间的李贽被人奉为"性格巨星"，想必他一定是一个洒脱不羁的风流人物，而他又是否快意一生呢？事实上，李贽在自我矛盾中于狱中自刎而亡。关于李贽，争论一直未曾停过。

《四库全书总目提要》里说他："贽非圣无法，敢为异论。虽以妖言逮治，惧而自刎，而焦竑等盛相推重，颇荣众听，遂使乡塾陋儒，翕然尊信，至今为人心风俗之害。故其人可诛，其书可毁，而仍存其目，以明正其名教之罪人，诬民之邪说。"而"公安三袁"却奉他为自己最崇拜的偶像。袁宗道写道："读翁片言只语，辄精神百倍，岂因宿世耳根惯熟乎？"袁宏道赞道："发挥天真自心，扫荡酸腐之气，慨然醒世，勃然通民。"袁中道在《李温陵传》里为他叹息："……骨坚金石，气薄云天；言有触而必吐，意无往而不伸……嗟乎！才太高，气太豪……"

李贽这个人物本身就表现出了一种矛盾性。他关心这个时代，却又悲观得令人惋惜。他的这种自相矛盾在他的学说中也可窥端倪。他的学说一半唯心，一半唯物，前后立场有时也会产生冲突。这可能是因为他虽然从他的宗族逃离，相对获得了更多的自由，但是始终没有找到自己追求的独立。庙堂之高，江湖之远，他始终没有找到合适的距离。王学与朱学的博弈，在李贽这里，道德不再是标杆，而只听凭个人的良心。灵台蒙尘，何不潇洒拂去。

黄仁宇在《万历十五年》的最后一章专论李贽说："李贽的悲观不仅属于个人，也属于他所生活的时代。传统的政治已经凝固，类似宗教改革或者文艺复兴的新生命无法在这样的环境中孕育。社会环境把个人理智上的自由压缩在极小的限度之内，人的廉洁和诚信，也只能长为灌木，不能形成丛林。"两人性格与经历大相径庭，但这命运写下的悲剧与前述人物并无二致。

万历十五年，群星闪耀。 这一年里发生的事情，这之后发生的事情，都在大时代背景下，在冥冥之中一环接一环尘埃落定。 当事人无法再发声，后人只得从细枝末节之处再来推断那山雨欲来风满楼的前兆，以今人的角度思考和评判万历年间发生的或传奇、或荒诞、或悲剧的历史故事了。 万历十五年，群星闪耀，然萤火之光怎奈日薄西山！ 权力的至高者茕茕孑立，无私的改革者抱憾终身，固执的坚守者郁郁寡欢，洒脱的哲学家苦海难逃，有此类者，直当一哭，非哭其私，为天下恸。

学习和工作：慎思然后笃行

——读《矛盾论》有感

文/扈钟方

　　久闻《矛盾论》，终得在闲暇。 名篇几遍读罢，旧识再新发。 字字珠玑琢磨，更有佳句流传，理入深出浅。 掩卷惜恨晚，何处复斯言？

　　为真理，去教条，求实是。 世事皆有对立，相化又同一。 普遍规律易得，特殊认识难寻。 学会抓重点。 整风当年事，今正宇宙观。

——水调歌头·读《矛盾论》

　　《矛盾论》由毛泽东于1937年8月在抗日军政大学做的哲学报告整理而得，对当时正准备开赴抗日前线的年轻军政干部产生了积极影响。 其坚决地反对教条主义、宗派主义和"党八股"的立场，也为之后轰轰烈烈的延安整风运动奠定了哲学理论基础。《矛盾论》进一步继承和发展了马克思列宁主义，同时又结合了中国革命的具体实践，展现出了具有中国气派、中国风格的哲学科学的新气象。

用辩证的宇宙观思考问题

　　《矛盾论》的论述以辩证唯物主义为基础，并从根本上区别了两种相互对立的宇宙观：形而上学的见解和辩证法的见解。"所谓形而上学的或庸俗进化论的宇宙观，就是用孤立的、静止的和片面的观点去看世界。这种宇宙观把世界一切事物，一切事物的形态和种类，都看成是永远彼此孤立和永远不变化的。"虽然很清楚形而上学的宇宙观的错误，但是在日常的工作和学习生活中，我们看待问题却往往从形而上学的观点出发，仅凭主观判断和经验主义去解决问题。例如，在学习经济学课程中，由于时间紧迫、课程压力较大，我们没有花充足的时间去认真分析课本中所阐释的基本原理、基本概念、概念之间的关系以及联系当前实际进行思考，反而把更多的时间用来做例题，做联系，以期掌握题型。长此以往，我们不但不能理解课本中讲的知识，未形成自己独立的知识体系，而且丧失了批判性思考和理论联系实际的能力。毛泽东在《矛盾论》讲："教条主义者是懒汉，他们拒绝对于具体事物做任何艰苦的研究工作，他们把一般真理看成是凭空出现的东西，把它变成为人们所不能够捉摸的纯粹抽象的公式。"平时泡在自习室里，日复一日地钻研考题是身体上的勤奋，也是精神上的懒惰，仅仅有益于考试。

形而上学的宇宙观还有一种表现，就是"简单地从事物外部去找发展的原因，否认唯物辩证法所主张的事物因内部矛盾引起发展的学说"。毛泽东批评了这种"天不变，道亦不变"的传统思想，提出要把事物的发展看作事物内部的必然的自己的运动，而每一事物的运动都和周围其他事物互相联系着，互相影响着。这充分体现了唯物辩证法的思想，即"外因是变化的条件，内因是变化的根据，外因通过内因而起作用"。针对当前较为普遍存在的高校团学组织影响力下滑、吸引力下降等问题，很多学生干部习惯性地将原因归结于社会思潮变化等大环境变化上。但这些问题的出现，根本原因还是在于学生团队自身。近期共青团中央学校部下发了高校共青团改革方案，释放出了强劲的信号，即团学组织确实存在问题，解决问题的关键在于自身改革。结合1937年以前党的发展历程，毛泽东在

《矛盾论》中指出："一个政党要引导革命到胜利，必须依靠自己政治路线的正确和组织上的巩固。"同样地，我们要把握好团队建设这个内因，逐步消除团学组织这个矛盾统一体中向负面方向转化的元素（内因），明确团学改革和发展方向，巩固自身建设，同时还要积极关注影响团学组织发展的相关元素（外因），为团学发展创造良好的外部环境。

用矛盾的普遍性和特殊性认识当下

矛盾的普遍性，即"世事皆有对立"。列宁对于普遍存在的对立统一法则下过定义："承认（发现）自然界（精神和社会两者也在内）的一切现象和过程都含有互相矛盾、互相排斥、互相对立的趋向。"毛泽东也讲到："没有什么事物是不包含矛盾的，没有矛盾就没有世界。"《矛盾论》中还列举了一些常见的矛盾统一体："在数学中，正和负，微分和积分；在力学中，作用和反作用；在物理学中，阳电和阴电；在化学中，原子的化合和分解；在社会科学中，阶级斗争。"有时在繁重的学习和工作压力下，我们可能会幻想在未来的某一天不需要再面对"娱乐和学习""工作和休息"等矛盾，幻想不再有解决不完的问题和不断出现的任务。再具体一些，学习本身也是一个矛盾统一体。在学习这个矛盾统一体中，我们也会面临"多修学分和追求绩点""选择国内进修还是出国深造"等比较常见的矛盾。不思考就盲目行动，随波逐流，甚至不愿做选择，归根结底都是在逃避矛盾，未能正确认识矛盾的普遍性的表现。回避矛盾只会让矛盾越积越多，甚至由量变演化为质变，使得当前较为有利的局面变得越来越被动。《矛盾论》中直截了当地指出，如果没有了矛盾，事物即宣告终结，"党内如果没有矛盾和解决矛盾的思想斗争，党的生命也就停止了"。每一个人生发展阶段，都处于一个个矛盾统一体中，解决完一个阶段的矛盾，新的阶段就代替了旧的阶段，而新的阶段中又包含着新的矛盾。 我们度过了求学生涯，开启人生的新篇章，也必将面临新的考验和新的挑战。

《矛盾论》中着重阐释了最容易令人产生误解、教条主义者最容易忽视的矛盾特殊性。 毛泽东指出："如果不认识矛盾的普遍性，就无从发现事物运动发展的普遍的原因或普遍的根据；但是，如果不研究矛盾的特殊性，就无从确定一事物不同于他事物的特殊的本质，就无从发现事物运动发展的特殊的原因，或特殊的根据，也就无从辨别事物，无从区分科学研究的领域。"例如，经管类课程彼此之间有很大的相似性，一是不同的课程具有普遍的共性，如货币金融学和宏观经济学中都要讨论利率、汇率以及相应的政策工具等；二是进阶的课程具有普遍的共性，如中级微观经济学还是要重复阐述消费者和生产者理论。 如此，把握不同课程的特殊性显得尤为重要，特殊性正是其精髓所在。 在区别普遍性和特殊性的基础上，毛泽东又总结出人类的认识过程是由特殊到一般，再从一般到特殊的循环往复的过程。 这个过程不是简单地重复，而是逐步由低级到高级的推进。在当前学习和工作中，信息获取十分重要，通过不断获取某一事物的信息从而形成对这一事物的准确认识符合辩证的认识规律。 我在接触学生会这一事物时，所获取的信息往往不是来源于百度百科或是学生会的官方宣传平台，而是通过学生会中我认识的其他同学了解的。 在初入西南财经大学的时候，我听到了很多和学生会有关的信息，有正面的，也有负面的。但有一点是肯定的，就是这些同学讲得都不全面。 等到真正加入学生会后，我才有机会全面地认识这一事物，看到它越来越多的普遍性，对学生会有了一个阶段性的认识。 之后走出西南财经大学，与其他学生会的同学交流时，则又接触到了一个个特殊性。 当我用西南财经大学学生会这一阶段性的普遍认识去验证一个个高校学生会的特殊性，又发现了很多之前没有发现的普遍性的特征。 对学生会的认识即是符合认识规律的一个过程。基于认识规律，毛泽东强调了："用不同的方法去解决不同的矛盾，这是马克思列宁主义者必须严格地遵守的一个原则。"列宁也讲到："马克思主义的最本质的东西，马克思主义的活的灵魂，就在于具体地分析具体的情况。"孟子也曾说过："尽信书，则不如无书。"学习也好，工作也罢，最忌生搬硬套，忽视特殊性，遇到新问题不搞调研，不了解清楚情况，用死理论指导活实践，难免要摔跟头。

抓住主要矛盾，看到矛盾的主要方面

《矛盾论》指导我们在思考问题的时候抓住主要矛盾，同时不忽视次要矛盾，这是基于矛盾特殊性的进一步认识。毛泽东讲："在复杂的事物的发展过程中，有许多的矛盾存在，其中必有一种是主要的矛盾，由于它的存在和发展规定或影响着其他矛盾的存在和发展……"在当前的大学生活中，学生会面临很多矛盾，尤以时间调配产生的矛盾最为突出。但是在这些矛盾中，学习是最主要的矛盾。抓住这一矛盾，其他许多的矛盾便会迎刃而解。因为基于理性的判断，学生的本职任务就是学习，学好本专业知识，努力充实和丰富自我，其他方面的时间利用则是次要的。毛泽东指出："不管怎样，过程发展的各个阶段中，只有一种主要的矛盾起着领导的作用，是完全没有疑义的。"我们在处理一些具体问题，做出判断和选择时，往往也需要抓住主要矛盾。例如，在做学生工作时，面对多个工作群体时，要抓住最为主要的工作对象。学生团队建设和制度约束是一项长远的工作，在这项工作中，我们要同时面对学生会主席团、部长层和干事层三个群体，因此我们要牢牢抓住主席团这个主要矛盾，首先做好学生会主席团的团队建设工作，实现内部的高度团结，促成主席团同学发挥模范带头作用，率先遵守制度约束，从而带动次要矛盾，最终实现整个学生会工作举措的落实。

《矛盾论》中还着重阐述了矛盾主次方面的关系，这对于认识事物的本质和主体提供了指导性视角。 毛泽东讲："革命斗争中的某些时候，困难条件超过顺利条件，在这种时候，困难是矛盾的主要方面，顺利是其次要方面。 然而由于革命党人的努力，能够逐步地克服困难，开展顺利的新局面，困难的局面让位于顺利的局面。"学习也是如此，在通往科学顶峰的道路上无捷径可走。 学习是使大脑从舒适区状态切换到非舒适区状态的过程，开始时对新知识不熟悉，必然会感觉到困难，会有疑惑，会有苦恼。 但随着一个个问题的解决，熟悉的知识成为矛盾的主要方面，不熟悉的内容则成为次要方面。 如此不断转化，直到知识被完全掌握，这一矛盾就得以解决了。

慎思笃行，明理成事

　　毛泽东对《矛盾论》的主要思想如是总结："按照辩证唯物论的观点看来，矛盾存在于一切客观事物和主观思维的过程中，矛盾贯串于一切过程的始终，这是矛盾的普遍性和绝对性。 矛盾着的事物及其每一个侧面各有其特点，这是矛盾的特殊性和相对性……当我们研究矛盾的特殊性和相对性的时候，要注意矛盾和矛盾各方面的主要和非主要的区别；当我们研究矛盾的普遍性和斗争性的时候，要注意矛盾的各种不同的斗争形式的区别。 否则就要犯错误。"

　　《矛盾论》中给人留下极为深刻印象的是，在 1937 年那个斗争形势十分严峻且前景并不乐观的时间节点上，毛泽东运用马克思列宁主义的哲学观点冷静、客观地回顾了自 1919 年以来，新民主主义革命的各个阶段以及当时活跃在中国历史舞台上的各派政治势力的特点，并准确地做出了经验总结和对未来的预测，将其战略判断运用到了指导中国革命的具体实践当中，最终取得了新民主主义革命的胜利。

　　我们在面对学习和工作的时候，不能一味地埋头苦干，有时应该静下心来，细细思考。或是回顾过去，总结经验教训，正如毛泽东曾经讲到过的"我是靠总结经验吃饭的"。或是冷静地预判，大胆地假设，树立长远的目标，并为目标制订合理的计划，为实现目标而不断努力奋斗。读完《矛盾论》，我深刻地认识到，在当下的学习和生活中，需要思考的事情有很多，多思考必然有利，思考少了，盲目做事情，反而事倍功半。正如《孙子兵法》中讲到的："夫未战而庙算胜者，得算多也；未战而庙算不胜者，得算少也。多算胜，少算不胜，而况于无算乎？"思考清楚了，就要认真地进行实践，正如毛泽东在《矛盾论》中总结出来的认识规律那样，不论是从普遍性到特殊性，还是从特殊性到普遍性，都离不开实践，没有实践，没有笃行，就很难有更深入的慎思。

围观者，请理性路过

——读《乌合之众》有感

文/屠春丽

《乌合之众》一书的作者是法国著名社会心理学家古斯塔夫·勒庞，论述的是在传统社会因素毁灭、工业时代巨变的基础上，"群体的时代"已经到来。 本书通过对群体禀赋和群氓心理的研究，破译人们行为背后的动机，从而找到推动历史前进的真正主动力。

本书所阐述和分析的大众社会心理不仅对当时的社会产生了重大影响，对今天的大众心理、围观者行为研究也有着重大的参考价值。

诚如书中所说："在民族生活中，有组织的群体始终扮演着一个重要角色，但这个角色从来都不曾像今天这么重要。 群体的无意识行为取代了个人的有意识活动，是当下这个时代的主要特征之一。"可见，看得见的社会现象，似乎是某种巨大的无意识作用的结果，它通常超出了我们的分析所能触及的范围。 我们可以把能够感知的现象比作波浪，它是海洋深处我们一无所知的骚动在海面上的外在表达。

通过阅读本书，我对社会围观现象有了更深层次的理解与思考。

乌合之众的故事总在重复

勒庞在《乌合之众》中指出：当个体融入集体时，个体的行为特征将被淹没，取而代之的是构成该群体的新的行为特征。群体具有感性、盲目、易变、低智商化、情绪化、极端化等特点，且无论构成群体的个人是多么高尚聪明，一旦进入群体，个人的这些品质将不复存在。而通过暗示、断言等手段，群体完全可以被操控。

像预言一般，我们这个世界时时刻刻都在重复着乌合之众的故事。

民国美女阮玲玉，风华绝代，演技精湛，被世人称为中国无声电影史上的泰山北斗。许多人称其为东方的奥黛丽·赫本。正当她事业如日中天时，一些无良报社利用她的感情纠纷大做文章，在民众中引起了极不好的影响。在巨大的舆论压力下，阮玲玉终是不堪忍受，于1935年妇女节那天用一盒安眠药结束了自己的生命，香消玉殒后只留下了四个字——人言可畏。鲁迅得知其死讯后，悲痛之余写下悼文，斥责社会舆论这把杀人于无形的刀。

无独有偶，几年前台湾模特杨又颖受不了网络霸凌，自杀身亡，结束了24岁美好的生命，用无奈之举悲情地诠释了那一句"人生如戏"。

不难发现，在这个人们无法用GDP数字为孩子们描述未来的时代，在这个年轻人否定英雄主义转而用短信投票塑造自己理想中的偶像的时代，在这个现实的分量从未如此之重以致人们必须把围观发话当作最后一口氧气维持生存的时代，乌合之众的故事实时发生着。

于是，我不禁思考，围观者在信息面前是否有甄别的意识和能力？进一步，围观者在随大流中，是否还能保持独立，保持清醒，保持理智？

"键盘侠""吃瓜群众"等新一代名词的出现告诉了我答案：不能！

站在风口浪尖为自己发声

在"群氓的时代",围观者招摇过市,自得其乐,相反,被围观者总是饱受伤害。 但是也不乏少数敢于跳出群体的人,站在风口浪尖理性地为自己发声。

勒庞也提到:"遗传赋予一个种族中的个体以某些共同特征,全部共同特征的总和构成了这个种族的禀赋。 然而,当一定数量的个体为了行动的目的而成群结队地聚集到一起的时候,仅仅从他们聚集起来这个事实就可以观察到,除了原有的种族特征之外,又有某些新的心理特征产生,有时候,这些新的特征在很大程度上不同于种族特征。"

在时代车轮的碾压下,一些人显示出鲜明的特异性,区别于盲从的围观者的特征。

《奇葩说》中的范湉湉就是典型的代表。 她总是霸气地断言,从不做解释,并且不断地重复话语,利用感性刺激观众的想象力。 这是手段,也是影响力。

当然,最令人震撼是前段时间自杀的台湾女作家林奕含。 她把自己少女时代被性侵的经历写成了一部小说《房思琪的初恋乐园》,然后选择自杀。 一夜之间,她的名字占据了各大社交媒体。 性侵、抑郁症、才女、美女……一个个标签被贴在林奕含身上。

的确,她身上聚集了所有博人眼球的元素。 因此,大部分人并没有耐心去看她的小说,而只是看了她被采访的视频和新闻,甚至只看了这些标签,就轻率地想象,粗暴地怜悯,轻浮地评价。 但是看了她的书后,你会发现,她不是一个软弱的无知少女,她对自己、对世人的观察冷静而犀利。

林奕含在书中说:"原来人对他者的痛苦是毫无想象力的,总是把自己无法理解的痛苦，看成一个庸钝的语境，一出八点档的电视剧。"她早就看清了这一切，所以她不愿意自己的经历只被人当作一份精神病历，或是一则社会新闻。她竭尽自己的笔力，用身为一个小说家的自觉将自己的经历写了出来，用自己的声音讲出了这个故事。

我永远忘不了乔治·奥威尔在《一九八四》中的那句话："除非他们觉醒，否则永远不会反抗，但除非他们反抗，否则不会觉醒。"这是我们踏上自主之路的奠基石，我也想把这句话送给今日之乌合之众。

慎思笃行，做理性围观者

《乌合之众》中提到：有时候，民族的内在生命中仿佛存在着一些潜在的力量，起着引导他们的作用。毫无疑问，这是群体无意识禀赋的产物。正是群体的禀赋，提供了无数的尘粒，形成了它们赖以蓬勃生长的土壤。在自然界，那些完全受本能支配的生命所实现的一些行为，其不可思议的复杂性总让人啧啧称奇。理性只不过是相对晚才出现的人类属性，而且太不完美，不能向我们揭示无意识的规律，要想取得应有的地位，还需更加完美。在那之前，无意识的行为就像一股依然不为人知的力量在发挥作用。

从中华上下五千年的历史中，我们不难发现，"乌合之众的力量"是维护一国屹立不倒的不可被忽视的因素。

中国人陷入的梦境有七成充满了金戈铁马，这从各地传统戏剧的剧目中就可看出，绝大多数剧目是以传统和政事为背景的。战争和推动战争的人们在市井乡里的戏台上宛如一枚枚坚硬的桃木钉，钉在了国人的心底，也把文明中明暗交融的那部分一点一点地渗了进去。

留下的印记，是一滴同情者的泪水，是一堆燎原后的余烬。

他们是战争的落败者，是不称职的敌人和无力的统帅，人们在羡慕得胜者的荣华时却总是把情感放在他们的祭台上。 那些功成名就之前就含恨而终的忠臣义士，那些喊着"20年后又是一条好汉"的江洋大盗，那些由于一个错误决断而导致无数生命葬送的人……这与我们"成者王侯败者寇"的传统观念截然相反。 有谁敢说《史记》中的《项羽本纪》和《李将军列传》不是数十万言中最精彩的部分？ 又有谁敢在打麦场的野戏台下和农人讲述被真豪杰曹操追得抱头鼠窜的刘玄德是伪君子呢？ 只有失败甚至身死，才让他们的言行涂上了一抹褪不去的鲜艳。 这鲜艳是一针强心剂，打在有着反抗压迫制度的心理需求又掌握着最基础的话语权的民众身上。

经常有人迷惑于为何悲剧英雄们更富有人性化，不圆满的结局让他们背离了传统英雄的"高、大、全"而充满个性的锋芒。 他们极端、唯我，有庸者的缺点也不缺伟人的气势。 那是因为他们和民众有着天然的联系。人们不会忘记自己的祖先是在千百年薪继火传的农耕文明中以土地为生的农人，正如一块被开垦的土地，盲目无序的播种难以让它生长出生命的养料，人们在规矩下的方圆制造着保守中的创新。 退而求其次，正如《白鹿原》中的那句"房要小，地要少，养个黄牛慢慢搞"。 英雄们高高在上的神坛被打破了，最终落入凡尘——他们要与凡人形成鲜明的对比，他们也要为活在宿命中的凡人指明方向：脚踏实地，你我便同样是人，只不过那种天降大任的宿命使你我不同而已。 这便是坚韧的文化纽带——人性化和人性化升华后的命运感。

就是这种"升华的可能"，让悲剧英雄扎根在最广大的民众中，而不仅是在戏剧课本或长卷浮世绘里。

纵观历史，继往开来。 今天，为了国泰民安，为了早日实现中国梦，我们就得真正理解勒庞所说的"群体永远都在无意识的边界游离，随时准备听命于所有的暗示"，牢牢抓住大众的爱国爱民心理，为人民、为国家、为社会服务！

理想与理想国

——读《理想国》有感

文/伍时宇

"高山仰止，景行行止，虽不能至，然心向往之。"千年前的江畔山前，一位白发老者，面朝这巍巍青山，滔滔江水，胸怀浩瀚星辰，渺渺太虚，低声吟诵。

那巍峨的高山啊，虽一眼望不到峰顶，但我依然要一步一步地往上攀登。这是身处东方的先贤对于攀登高山的态度，对于德行的苦苦追寻。然而对于先贤而言，千年前神秘的西方世界又绽放着怎样因思想碰撞而盛开的火花呢？

于是我翻开了《理想国》，去探寻在西方世界的先贤们是以怎样一种姿态去追寻头顶上浩瀚的星空，去发现西方世界和东方世界在各个方面究竟有何异同。不出所料，《理想国》中的苏格拉底对于理想国的构建，对于正义的追求就像是在登一座没有顶峰的山，渡一条没有彼岸的河，走一条没有尽头的路，也怀揣着"虽千万人吾往矣"的抱负，践行着一种"虽不能至，心向往之"的精神。这样的行为与精神勇敢而伟大，令人敬仰。同时，苏格拉底在构建理想国的过程中，将光明神阿波罗赐予他们的极端理性与冷静，与酒神狄俄尼索斯深植于他们心底的野性与放纵表现得淋漓尽致，将西方哲学世界里的玄妙风景展现在我们眼前。

何为正义？ 在《理想国》的开篇，就记录了苏格拉底与一行好友关于正义的看法。 西蒙尼认为有话实说，欠债还钱就是正义，朋友之间应该与人为善，而非与人交恶。 玻勒马霍斯认为正义是给人以恰如其分的报答。而色拉叙马霍斯认为正义就是强者的利益，即当时政府的利益。 格劳孔却说正义的人应该活得比较有益。 苏格拉底一一驳斥了他们的观点，认为正义是神赋予的品质，是深深蕴藏在人们心中的品质，需要加以教化才会显露出来。 随着对《理想国》阅读的步步深入，在我看来，此书其实是苏格拉底与众人共同追寻正义为何物的记录。 而在这漫漫追寻路上，他们在政治、教育、伦理、哲学等各个方面提出各种假设，表达各种观点。 这些假设与观点汇聚在一起，就成了他们头顶仰望的星空，他们心中向往的理想国。 如果我们在所立足的土地上，将每一个假设、每一种观点都实现了，那我们就真正抵达了正义的圣地，就真正建立起了一个正义的国家，而这，就是他们的理想。

首先是关于天性和禀赋的探讨，这是在追寻正义途中的第一个指示牌。 苏格拉底相信教育者没有办法将思想灌入灵魂，就像你没有办法将视力给予一个盲人一样。 所有的天赋和品质都是灵魂生而有之的，只是在等待着被唤醒。 也就是人的天性和禀赋与生俱来，教育者的任务即是寻找出天赋超群的个体，并对他们进行全方位的教育。 而在东方，在中国，我们信奉人之初性本善，性相近习相远。 我们相信每一个个体在生命的起始点的禀赋都是一样的，而人之所以在后来有了阶层之分，是因为他们在生命的长跑中，所受的教育不同，所以才逐渐拉开了差距。 所以我们才有"子不教，父之过"的说法，其背后隐藏的含义便是每一个孩子都是可以接受良好的教育而出类拔萃的。 如果一个孩子长大以后变得不学无术，庸庸碌碌，那他一定是没有受到良好的教育。 在这一点上，中西方有截然相反的看法，在此暂且不论孰是孰非。

其次是关于教育与选拔，这也是通往正义之路上的指示牌之一。 几千年前，苏格拉底提出对禀赋非凡的个体的教育应该从小开始，实行体育教育，以使其体格健硕；实行音乐教育，以使其明理正义。 只有经过长期不断的双方面教育，才能够培养出合格的城邦守卫者、统治者。 而在中国，暂且不论与当时西方处于同时代的世卿制度，就拿我们引以为傲的科举制度来做比较，不可否认的是，科举制给予了全天下知识分子打破命运枷锁的机会，但是在科举制光辉的身影背后是我们教育制度的不完善，在中华历史舞台上存续了数千年的私塾教育，对于人才的培养是远远不够的。 并且在科举制的影响下，朝廷文官与武将的区分愈加明显，状元也分文状元和武状元，迫使天下人要么从文要么习武，使得文武双全之人大大减少，而国家迫切想要得到又严重缺失的便是这类能文能武的人才。 相较而言，东方教育方式较西方略逊，但是东方的人才选拔制度更加健全。 双方各有各的优势与不足，取彼之长、补己之短才是如今我们拜读《理想国》并与自身比较的要务。

　　最后，在《理想国》中，苏格拉底代表的西方世界对于女性权利的观点更是一处重要的指示牌。 我十分佩服苏格拉底伟大的勇气与思想。 他提出让女性也接受教育，从事她们各自擅长的职业，不必在家中纺线织布，生儿育女，成为男性的陪衬。 这是一种多么先进的思想，这不就是我们数千年以来不断追求的人人生而平等吗？ 然而，苏格拉底为了选拔并培育出更加优秀的后代，提出了"共妻制"，这是我一个深受东方文化礼教熏陶与影响的中国人无法理解并接受的。 而在彼时的东方世界，我们的祖先对于女性权利的态度是怎样的呢？ 他们似乎沉溺于温柔乡中无法自拔，认为女子无才便是德，相夫教子乃是女性的天职。 他们愿意就这样过下去，直到天长地久，海枯石烂。 可能这就是东西方的差别吧！

　　诚然，在《理想国》一书中苏格拉底所表达出的关于教育、选拔、女权等的思想有他的优势所在，但这仅仅只是苏格拉底对于理想国的构想。

指不定在千年以前，在烟雾缭绕的蓬莱仙岛上，也有着先进的教育，先进的制度，先进的思想呢！

我们此时此刻拜读《理想国》并与东方做比较，是为了以史为镜而知兴衰。正如《理想国》中著名的"洞穴论"所表达的那样，真理通过阳光映照在洞穴壁上形成光影，绝大部分人通过光影对真理的再现来认知世界，并以为光影即是真理，乐此不疲，而当他真正见识到真理的时候却以为那是光影，是假象。而此刻手捧图书阅读的我们，表面上在洞穴之外，笑看洞穴内的人被光影捉弄，却不知身处时代洪流中的自己，是否也正存在于另外一个洞穴之内，被光影捉弄着，被洞穴之外的人们所嘲笑。

所以《理想国》的作用，甚至于一切包含有用知识的书籍的作用，应是帮助我们汲取先贤的智慧，拥有分辨光影与真理的能力，不再做一个一辈子被光影所迷惑的愚民，而要义无反顾地扭头直视洞穴外明媚的阳光，要为着自己深埋心底的理想，为着自己头顶浩瀚的星空，为往圣继绝学，为万世开太平。

《禅是一枝花》读书笔记

文/贺达豪

写在前面

　　《禅是一枝花》是胡兰成对宋代禅学奇书《碧岩录》的解明。 自《碧岩录》成书以来，无数文人禅师想要探究该书的奥秘，但直到胡兰成才成此事业。 抛开胡兰成其他方面的事不说，单说文学上的成就，他对中国文学界也是贡献卓越的。《禅是一枝花》也可以说是胡兰成对《碧岩录》的读书笔记，而今天我要写下的，可以说是读书笔记的读书笔记。 胡兰成先生，文笔清新，笔调淡雅，无论是就文学方面还是哲学方面来说，这本书都值得一读。

中国禅学在于"机"字

　　"中国自隋唐至明，千余年间，思想的活泼在禅。 禅的思想是一个'机'字，盖承自《易经》卦爻之动，与庄子之《齐物论》，非印度佛教所有。"

在这里胡兰成先生道出了中国佛教与印度佛教相去甚远的本质，印度佛教只求因果，内在并没有"机"的成分。中国人以自己传统的文化对佛教进行解读，自创"机"，以阴阳变化生生为先端，"机"这种思想在我国经典中都能见其踪迹。"机"，通俗地讲可以理解为事务变化的所有，在《列子·天问》中有"皆出于机"的说法，《庄子》中也提及"万物皆出于机，皆入于机"。

"机"字，在现代生活中也常用到，"机兆""机理"这些名词，无不影响着当今中国人思考问题的方式。做事情都想去把握其内在的机理，这成了中国人改造世界重要的方法论。而印度的禅宗，却只论"因缘"，不论"阴阳"，更不知"机"为何物。西方人的哲学，也是考虑条件的。条件是因果性的，而"机"却是飞跃的。它看到了事物之间不仅只有因果关系，在更长的时间跨度中，其实"机"产生的作用更大。

因为"机"是运动着的，不断变化的，正如作者在书中所言：中国的文明是动的，所以有像周秦汉唐的强大。中国的制度文章与器物的造型，皆是一派生动变化之机。《孙子兵法》说的是兵机。历史的气运，山川草木的节气，皆见于其始动之机。数学上若得了答案，就答案本身而言，已见分晓，但是好的理论都在不断地创新、自我否定。如果理论得到发展，自然就会有更好的答案出现，所以"机"是不断变化的，答案自然也是变化的。

宋代苏东坡在做官的地方，发现了一尊秦代石刻，经过当时的研究得出的结论是：诅咒楚国必败，望苍天保佑秦国获胜的祭文。该石刻在宋代，成了研究书法和字体的材料。但是后来，历史专家李开元教授却以这块石碑的信息，作为佐证信息的一部分，大胆推测秦始皇的妻子，也就是始皇后，是楚国贵族，填补了历史空白。一块带有诅咒性质的石碑，单看因果只能看出其一方面的价值。而随着时间跨度的拉长，它在考古中的价值就会更加凸显出来。

所以"机"乃中国禅宗的奥秘，这也是区分中国禅宗与其他佛教的最基本的标志。"机"乃中国禅宗的独创，万妙之门。

佛去了也，唯有你在

"雪窦禅师颂云：'江国春风吹不起，鹧鸪啼在深花里。三级浪高鱼化龙，痴人犹戽夜塘水。'前两句是说历史上充满消息。后两句是说你也不必寻佛，你且只管你自己。但是你若不当佛是师，而是冤家，则思慕佛即是于你自身之亲。有李商隐的两句诗煞是叫人心疼，曰：'水仙已乘鲤鱼去，一夜芙蕖红泪多。'佛去了也，唯有你在。而你在亦即是佛的意思在了，以后大事要靠你呢！你若是芙蕖，你就在红泪清露里盛开吧！"

谈到佛，即想到禅。听大师解禅，往往会想到"坐禅"二字。很多人对禅的理解大多停留在"坐"而非"禅"上，认为"坐"是悟禅的方法。其实不然，就像作者说的那样：佛就在那里，你且管好你自己。

坐，不一定是悟禅。心执妄念，心绪横飞，那不叫禅。试想，一个人静心思考，宠辱皆忘，即使是躺，或蹲，那也是悟禅。在我看来，一个人能参禅，不是他想要褪去心中的杂念，参禅并无此功效。一个急功近利的人，纵使遁入佛门，也是妄念横飞，并不能真正地大彻大悟。但是，一个人若是心如止水，亦无须参禅，因为世间本无佛，佛去了也，世间只有你在，至于参禅与否，那皆是形式罢了，真正大彻大悟的人何须拘泥于形式？

佛门中人以自苦而济天下，而道家人追求逍遥无为而使世界"自然"。胡兰成眼里的佛门，其实蒙上了道学的色彩，因为一般的僧人修佛，是以自苦的形式。而胡兰成却说"佛就在那里，你且管好你自己"，又或是"佛去了也，唯有你在"。 他认为，求佛无须在意形式，但求内心超脱就好。 这和中国传统的道家思想不谋而合。

庄子虽非佛门中人，但是庄子所代表的道家学说，却影响着佛法在中国的传播，所谓"以道释佛"就是这个道理。

通观全篇，百则公案。 胡兰成笔下的佛学，背后是一股道家气派。这个问题很有意思，值得深入探讨。

浅谈《俄狄浦斯王》

文/曹夏伟

    悲剧是人类在充满苦难的向理想王国跋涉、迈进的旅程中，对自身存在状况的深切关照、感悟和感知。悲剧，是每一个民族的一种重要的艺术形式，它蕴含并折射着各个民族的哲学思想以及社会文化。其中作为西方悲剧的起源——《俄狄浦斯王》这部古希腊悲剧占据着不可取代的地位。就是这样一部《俄狄浦斯王》，就是索福克勒斯笔下这个人物的命运，引起了人们经久不衰的兴趣，西方几乎所有著名的文学批评家、美学家和哲学家都就其发表过自己的看法。结果，索福克勒斯的《俄狄浦斯王》不仅成了西方文学批评史上一个持久的神话，甚至成了整个西方思想史上一个永远的神话。

    亚里士多德曾经在《诗学》里这样说道：悲剧是对于一个严肃的、完整的、有一定长度的兴味的模仿，其目的是引起人们的怜悯与恐惧，并使这种情感得以陶冶和净化。也就是说，人，认识你自己！古往今来，众多批评家在对《俄狄浦斯王》的探讨中形成了基本的共识，那就是这部伟大的悲剧是向我们展示一个试图摆脱命运枷锁，敢于正视自己的生存困境，并对城邦负责，对自己的行为负责的悲剧英雄。这一形象深刻地体现着人类在抗争不可知的命运的过程中所具有的自由精神和坚强意志。在

171

仔细研读了《俄狄浦斯王》并参考了阿尔教授的著作和弗洛伊德的《精神分析引论》之后，我也来表达一下自己不同的观点。

斯芬克斯在希腊神话中是一个雌性的邪恶之物，代表着神的惩罚。索福克勒斯曾说：斯芬克斯之谜使我们顺从自然，当迷雾散去之后，我们会更加注意目前的需要。虽说俄狄浦斯的悲剧色彩在之前已经做了铺垫，但是他的命运是在遇到斯芬克斯之后才开始发生巨大转折的。俄狄浦斯运用智慧和理性答出了斯芬克斯之谜，却没有想到这正预示着俄狄浦斯王的悲剧。斯芬克斯之谜在更深层次表现为恐惧和诱惑，以及现实生活。解开了谜底的俄狄浦斯最终并没有逃离冷酷无情的现实，其个人价值和尊严在残酷的社会现实面前已无可挽回了。也许"人，认识你自己"只是一个伪命题。而对于过度崇拜理性的俄狄浦斯而言更是无解的。

虽说故事的主题才是探索的起点，但是对于情节的把握能够让人更好地意会作者想要表达的思想。《俄狄浦斯王》中的情节存在着众多疑点，而这些疑点让我对主流观点所认同的表达主题产生了一些疑问。

其一，克瑞翁是否撒了谎，是否对王位有企图？在戏剧中，克瑞翁被塑造成一个正直、不贪恋权力的形象。他称自己并不愿意成为国王，但是在剧情的最后，克瑞翁确实实成了新的国王。而在索福克勒斯的《俄狄浦斯在科罗诺斯》中，克瑞翁卑鄙狡诈，能言善辩，对俄狄浦斯粗暴无礼，甚至使用暴力，还威胁俄狄浦斯要对雅典宣战。他的卑鄙恶劣，反衬出俄狄浦斯的伟大。所以，不排除克瑞翁对俄狄浦斯的王位有所觊觎的可能。除此之外，克瑞翁是独自一人到神庙去求问神旨的，而他回来时，神的话也是通过他传达出来的，所以说克瑞翁也有撒谎的可能性。另外，俄狄浦斯所发的毒誓很大程度上是克瑞翁诱导的结果。

其二，作为忒拜城先知的忒瑞西阿斯也有很大的嫌疑。他作为先知，却有两个很大的失误。第一，他未能解开斯芬克斯之谜，这是不符合他先知的身份的。第二，作为先知，他是能够预料到未来事态的发展的，但是在俄狄浦斯登上王位时，他却没有进行阻止。 在俄狄浦斯王召见忒瑞西阿斯时，两人发生了激烈的争执。 这位先知迟迟不肯把杀人凶手说出来，而是在俄狄浦斯对其进行辱骂时说出的，这说明他很有可能并不知道杀人凶手是谁，只是在一气之下随便说的。

其三，俄狄浦斯是否谋杀了他的父亲，是否在潜意识里要杀父娶母？ 在之前的剧情中，克瑞翁以及王后和逃回来的证人都说国王是由一伙强盗杀死的，而俄狄浦斯当时是一个人，所以说很有可能是俄狄浦斯曾经在一个三岔路口杀了五个人，但这只是巧合，国王并非俄狄浦斯所杀。 但是俄狄浦斯在潜意识中是有杀父娶母的倾向的。 在他得知收养自己的父亲是病死而非被人所杀时，他松了一口气，这严重不符合正常人的心态。 虽说俄狄浦斯可能因为父亲不是自己所杀而松了一口气，但是父亲的死没有引起他的一丝悲痛，这是很反常的。 另外，俄狄浦斯因为杀父娶母的预言而背井离乡，按常理来讲，他会为了防止预言的实现而避免杀死任何一个人，但是在路上他却杀了五个人。 而为了避免娶到自己的母亲，他完全可以和比自己年龄小的女性结婚，但是俄狄浦斯偏偏娶了一个和自己母亲年龄差不多大的女人。 所以说，俄狄浦斯的悲剧看似是宿命的安排，但其实是可逆转的，只是他潜意识里是有杀父娶母的倾向的，也就是后来弗洛伊德所提出的俄狄浦斯情结。

其四，据俄狄浦斯的母亲所说，她和老国王的孩子是被钉住双脚后扔到山林里去的，而俄狄浦斯和他的母亲生活了这么多年，她肯定知道俄狄浦斯的脚和当年她孩子的脚的状况是一致的。 因此当俄狄浦斯下定决心要揭露真相的时候，伊俄卡斯忒极力劝阻，她说：看在天神的面上，如果你关心自己的性命，就不要再追问了，我自己的苦闷已经够多了。 而俄狄浦斯却理解成了她是怕俄狄浦斯出生卑贱所以阻止其调查下去。 由此可见，俄狄浦斯的母亲很有可能在之前就已经知道了这个事实，只是出于某些原因没告诉俄狄浦斯，这也有可能和俄狄浦斯情结有关。 也许索福克

173

勒斯想探讨的主题是社会禁忌同人性的冲突，借此表达禁忌作为社会秩序的底线，如果违背则会给自己带来灭顶之灾。

其五，据史料记载，在公元前430年，一场突如其来的瘟疫几乎摧毁了整个雅典。在一年多的时间里，雅典市民终日生活在噩梦之中，至少有三分之一的雅典人被这场瘟疫夺走了生命，包括雅典杰出的政治家伯里克利。这部伟大的悲剧是否在隐喻当时的政治，表达对当时执政者和政治环境的不满，我们不得而知，但我猜测有这种可能性。

在近代，弗洛伊德创立了精神分析法，同时提出了俄狄浦斯情结。这让我们对这部悲剧有了更深的理解。弗洛伊德认为所有的男人对自己的母亲都有欲望，都想杀掉自己的父亲，并取而代之。他还认为一般人也许会认为这部悲剧的作者是借这个神话故事，来表达其对命运和神庙的怨恨，但虔诚的索福克勒斯绝不可能怀有此意。在他看来，索福克勒斯的意思好像是说：纵然你否认你曾经有此念头，或曾经努力地反抗这些恶念，结果都不免徒劳无功。因为你绝对无法消除这些恶念，它们会一直留在你的潜意识里。弗洛伊德还认为杀父娶母是俄狄浦斯的两种罪恶。在他的《图腾与禁忌》一书中，他指出人类的第一种社会宗教制度，是图腾制度，而图腾制度深以二罪为戒。所以说早在精神分析法出现以前，俄狄浦斯的两种罪恶，就已被人们认为是无法制止的本能的真正表现。弗洛伊德的说法证实了俄狄浦斯在潜意识里是有杀父娶母的倾向的，他一生的悲剧完全由他自己一手造成，而他最后选择刺瞎双眼，在某种程度上是阉割的象征。

但是，弗洛伊德的观点遭到了很多人的猛烈抨击。在一些女性批评家看来，弗洛伊德反映的是男性的欲望和要求，是试图维护父权的秩序和统治，而且将人类的一切行为和感情归结为性欲是不科学且无法证实的。在我看来，也许弗洛伊德的观点有着许多缺陷，但是他提出的观念却为我们的研究提供了一种新的思路，即对于人的本性和人是否能足够理性地控制自己的思想和行为的思考。

　　总之，人们对于索福克勒斯所表达的主题的争论是一直存在的，谁也不能说谁的见解更高明，只能说所想即所感。 文学艺术是开放的、包容的，每个人有不同的理解是无可厚非的，但经典就是经典，无论时代如何变迁，它都总会有新的意义等待我们去挖掘。

蓦然回首，已是百余年

——再读《近代中国社会的新陈代谢》有感

文/刘宇衡

　　治史一事，如盲人摸象，百家之言合一，仍非事实全貌；如雾里看花，日日夜夜求索，仍难云开月明；如负重攀登，层层足印交叠，仍有更高他处。

　　"尽管现代史学理论已经证明了再现历史之绝对不可能，但求真毕竟是治史者不灭的梦境。"茅海建先生在《天朝的崩溃——鸦片战争再研究》中如是说。

　　而带他进入这个自古以来无数史学名家所漫步的梦境中的引路人，正是他在华东师范大学读书时的导师陈旭麓教授。

　　只可惜，陈旭麓先生还来不及看到学生的这本著作，便撒手人寰。

　　但他留给世人的遗著——《近代中国社会的新陈代谢》，却永远都散发着耀眼的光芒。

初见

　　高中时，我读的是文科。 高三的时候，学习越是紧张，越是想要忙里偷闲。我在课间、午休前以及因为天气不好而取消的体育锻炼时间里，看完了一本又一本书，其中就有《近代中国社会的新陈代谢》。

整个高中，我看过的历史学著作有斯塔夫里阿诺斯《全球通史》、黄仁宇《万历十五年》、钱穆《中国历代政治得失》《中国思想史》和杜兰特夫妇《历史的教训》等，每一本都享有极高的口碑。但就我个人而言，陈旭麓先生的《近代中国社会的新陈代谢》无疑是我最喜爱的一本。

初次看到这本书的名字，是因为一轮复习资料上多次引用了书中的话。具体内容是哪些，我已记不大清，只记得每句读来都感到震撼，故想要看看这本书都写了些什么。

怎知一开卷，便想要一直读下去，并没有从前读这类书会有的乏味与困倦。

文与质

子曰："质胜文则野，文胜质则史。"

私以为，在历史类著作中，文与质即为文采与专业性。然而，历史学家的严谨治学的态度要求他们不能过于追求文学上的高度，因此二者的关系就全靠著书之人的个人拿捏了。我以为，陈旭麓先生是真正做到了质而有文的。

在书中，你很难看见他像梁启超在《李鸿章传》中那样大段地抒发个人感慨，抑或是给历史人物或事件戴什么令人印象深刻的帽子。你看见的，是"从某种意义上说"这样的谨慎表述，是长长的引用书目名单。

但你也能看见一个历史诗人的情怀。那是谈及清末新政时"历史有情乎？无情乎？"的有力发问，更是忆及早期维新派时"读史至此，往往使人扼腕久之"的真情流露。

大部分时候，他是压抑着个人情感的，尽可能给历史以理性与客观的笔触。"确实，历史研究会动感情，近代百年中的这一段至今还能使人听到历史中的呻吟和悲呼。但是，同情和憎恶毕竟不能代替理性分析。对于历史科学来说，后者更加重要。"

这是对学术的尊重，更是对历史的尊重。

史书的意义

国产电视剧中口碑最好的大概是《走向共和》了。它讲述的历史与《近代中国社会的新陈代谢》有着颇多重合，看时总让我回想起书中的内容。

记得有一次，家父问我是否在看《走向共和》，我说是的。他告诉我，他自己在学生时代也在电视上看过。我便问他看了以后有何感想。他沉吟片刻，说："觉得历史教科书较片面了，你说是吗？"

是的，教科书易给人以刻板的印象。历史远远比教科书上的叙述复杂。而打破这些刻板印象，正是历史研究类书籍存在的意义之一。

例如，在第七章中，陈旭麓先生就提出了一个矫正性观点："过去立论，多视洋务派与顽固派为一丘之貉，虽有分异，亦不过在五十步与一百步之间，其实历史的真相不尽如此。"还又特意附注："很奇怪，在叙述鸦片战争的时候人们常常过分夸大了实际上并不那么厉害的所谓禁烟和反禁烟的争论；而叙述洋务运动，则对顽固派和洋务派之间那种不无刻毒色彩的激烈争论漠然视之。"

我们没有办法穿越到过去，亲眼看看那时究竟发生了什么。但至少，我们可以试着像这样从旧纸堆里挖掘出一些碎片，经过充分思考后小心翼翼地将它们拼接起来。你评价的不是冷冰冰的历史，而是影响了你在这个时代所拥有的一切的祖先，所以你不希望也不应该希望，关于他们有什么错误的看法一直霸占着公众的思想。

历史的意义

中国的近现代史，由于其发展之曲折、时代之接近、冲突之迭起及地位之重要，一直是大众极感兴趣的。 这是一段读起来精彩纷呈的历史，亦是一段读起来启发颇深的历史。

那时的中国人也许没有意识到，数十年前他们忽略的那两本叫《海国图志》和《瀛环志略》的书，早就成了日本人手中的武器。"日本社会因炮声震撼而惊醒，中国社会却在炮声沉寂后又昏昏睡去。"

落后就要挨打，这早已是人尽皆知的道理，却在回望民族屈辱时变得格外真实可感。

陈旭麓先生的笔力之不凡，在于他把人们所熟知的那段历史讲出了新意，无一处落俗套。 真正地站在另一个角度看历史，你的确会发现教科书根本无法给你的别样体验。

我长大后有个很不好的习惯，就是看过的书不爱看第二遍，但这本书实在是一个特例，我忍不住一读再读。

陈旭麓先生原计划在本书中写110年，不料自己写到80年时便意外辞世。 在此，谨向天国的先生致以我最崇高的敬意。 曾经，有一个17岁的少女，在浩瀚的题海中读到了您的毕生心血之作，合上书页后，偷偷地立下了将来要读历史系的心愿。

虽然最后因为种种原因没能实现这个梦想，但是至少我将来可以去华东师范大学的丽娃河畔走走，那是他行走过的地方。

谨以本文献给我国著名历史学家陈旭麓先生。

弘毅之风，千古回荡

——读《士与中国文化》有感

文/夏易

　　霏霏细雨，洒落在青石小巷间。 那一头，是古老的城墙，斑驳的墙面透着岁月的清冷，时光凝固在墙面上，向世人诉说着历史的沧桑与厚重。每每看见这些历史的痕迹，我仿佛穿越至那金戈铁马的秦汉，仿佛亲历那繁荣开放的唐宋，仿佛回到那烟雨朦胧的明清。 也不免有几分困惑涌上心头——是谁创造了这些染醉时光的历史，是什么让我们的历史历经千年而不衰，又是什么融化着我们的内心，让我们如此挚爱着这些历史痕迹？ 读完余英时先生的《士与中国文化》一书，一群人走进了我的心中，解答了这一切困惑——他们便是中国的士大夫，他们用生命之火，点燃了中华民族文化的明灯，塑造了传承千年的民族性格。

爱国·立命之本

　　爱国，从不是停留于口头的说辞，更不是关键时刻的退缩，而是一种融为内在人格的价值观，是付出的真正的实践与行动。 古代的中国时常政局动荡，或因经济之变法，政治之权力分配，或因文化之碰撞，思想之革新。无论何时，在国家危难关头，总会有一批批仁人志士挺身而出，"救万民于水火，解乾坤于倒悬"。在他们之中，不乏张居正、于谦等名士，以一己之力肩负国家重责，在危难关头不惜顶着杀身的风险为国奉献。但更多的是那些基层的乡绅一类的默默无名的士阶层，他们中的大多数并不是我们所想象的横征暴敛，而是致力于社会基层教育，传播社会发展的正能量。"地方乡绅是士阶层的触角，通过乡绅的管理，中央政权的影响力可以向基层辐射。而乡绅们也在管理的过程中贡献自己的智慧，实践经世济民的理想，试图让国家繁荣强盛。""乡绅一级在历史中的作用常常被人低估，事实上，从春秋时期士阶层壮大、小农经济兴起以来，乡绅肩负了从地方武装到乡村经济建设、教化的责任。这些工作，是他们爱国济民理想的外化，构成了王朝生存的基石。"除此之外，我们也常常忽略一些太守一级的士大夫的身影。他们以让人民安居乐业为目标，在境内开展了一系列改革，"所居民富"，受到人民爱戴，被称为"循吏"。"东汉何敞，《后汉书》云：'岁余，迁汝南太守。敞在职宽和为政，又修鮦阳旧渠，百姓赖其利，垦田增三万余顷。吏人共刻石，颂敞功德。'""唐代杜篆，至能问民疾苦，对之泣涕。劝督农桑，亲自检视，呕心沥血。"他们虽无法代表整个士阶层，却是大多数士的缩影——以爱民的活动践行爱国的信仰，把一生奉献给国家社稷不求回报。一代代士，用行动塑造、传承着爱国这一中华民族伟大的文化品格，至今仍深深烙印在我们的心中。

担当·人生之炬

孔子云："士不可以不弘毅，任重而道远。"自 2 000 多年前士诞生的那一刻起，"担当"二字便融入了他们的血液中。"中国的士阶层之所以在后世留有如此巨大的影响力，不能不说其具有的担当品质正是近代中国所呼唤的，也是所有中国人所向往的品质。"在中国历史的长河中，我们一次次看见在名士身上闪耀的担当品质，这种担当品质如火炬般照亮了他们的人生，也照亮着中华文化。"春秋之士始于武士，执干戈以卫社稷，以御国御民为己任，至死不渝。至汉晋两朝，归隐之风盛行，士虽隐于山林，不忘忧国忧民，致于学而望入仕施展才智。至于宋元后，理学盛行，气节为士大夫所看重，使命感、担当感更化为其内在品质。"这种担当，不仅是对国家和民族的担当，也是对文化的担当，对自己的担当。"先秦游士思想交锋，不在分出胜负，而在寻求得到治国之良方，在道统与政统间达到平衡。在他们心中，他们肩负着国家统一强大的使命，要让一种强大思想成为社会主流思潮，从而得到广泛实践。""南北朝来，儒学渐衰，至唐，三教并行已成社会固态文化形态。韩愈等辈肩负儒学复兴的历史使命慷慨向前，冒死上书谏佛骨，在其身后几百年间，一代代如'二程'、朱熹、王阳明等大儒紧跟其脚步，创造了新儒学——理学、心学。""曾国藩虽为翰林，然不知《归震川古文》《汉魏丛书》等经典，但其发愤苦读，终成一代大儒，实现了对自身的担当。"许多士大夫之所以抵制住了来自外界的诱惑，保持高风亮节，就在于他们始终坚守着对自己人格的担当。从士的身上，我们能看到人的成功，少不了其内心的一份责任感、担当感，正是这份精神，让人生充满了源源不断的动力，点亮了人生的道路。

自省·创新之基

"内向超越，是士大夫共同追寻的境界。他们在不断自省的过程中寻找自身与时代前沿的差距，追求新的思想。"这种内向的自省超越，成为千百年来士大夫充满生机的动力源泉。"先秦武士占据社会阶层主导，文士通过发现自己新思想中软弱的一面，创造了法家、兵家思想，并迅速成为时代主流思想。""汉晋门阀森严，吏治腐败，士反省自身，出淤泥而不染。""明清商业之风盛行，士大夫懂得了必须经济独立方能实践自己的政治理想，不再恪守薄商的思想，寻求与商人的合作来达到自身的更高追求。"每一个朝代都有属于自己的时代特色，而士大夫之所以是历朝历代的中流砥柱，具有如此强大的生命力，就在于他们坚持自省，不拘泥传统，敢于创新，从而始终走在时代前沿，拥有前卫的思想与广阔的视野。

结语

千年风雨洗尽铅华，回首望，斯人已逝，徒留凭栏处。中国历史早已翻过属于古代的一页，古代的一代代士们，也早已离我们远去。但余英时先生却用严谨、细致的笔法与材料引用，具象地为我们复原了一群有血有肉的士大夫的形象。在《士与中国文化》中，我们能深切地感受到士在中华文化发展、传承中的不可替代的作用，感受到他们那超越肉体延绵不断的伟大精神。他们身上的诸多优秀品质，在当今看来，仍具有重要的时代意义。在党的十九大上，习总书记提出了："青年兴则国家兴，青年强则国家强。青年一代有理想，有本领，有担当，国家就有前途，民族就有希望。"一代代士为我们树立了榜样，我们应在他们不朽精神的指引下，砥砺前行，将他们身上的品质与中国特色社会主义核心价值观深入融合，书写中华文化新篇章。我们，要争做新时期的"士"，让士的弘毅之风，千古回荡，代代延绵！

品锐士精神，图复兴梦想

——读《大秦帝国：黑色裂变》有感

文/罗祥文

> 风雨春秋写荣枯，铁血战国论兴亡；
>
> 论兴亡，路茫茫，复兴大梦百年长；
>
> 梦虽长，志不忘，忠贞爱国尽沧桑；
>
> 尽沧桑，更万象，朗朗新政焕四方；
>
> 焕四方，采众长，不忘初心铸玄黄；
>
> 裂变风烟今复燎，锐士精神鉴过往。

2 700 年前，华夏大地进入了凡有血气、皆有争心的裂变之世。这是光辉灿烂的人物形象冉冉升起的时代，也是生生不息的民族精神汇聚生成的时代。时光荏苒，斗转星移，悠悠岁月尘封了那段金戈铁马、英雄柔情的过往，留给我们的是强大的民族精神内核与辉煌而又厚重的梦想！

《大秦帝国》共 6 部 11 卷 504 万字，书写了大秦锐士忍辱负重、碧血丹心的奋斗历程；颂赞了 6 代秦王殚精竭虑、厚积薄发的坚韧信念。不同于传统历史小说的模式，《大秦帝国》创作的根本立意是寻找民族精神的正源，这也是孙皓晖先生 16 年笔耕不辍的最终目的。"我们这个社会，极其类似于春秋时代,万物共酿,六合激荡,天下多元,主流不振,一片礼崩乐坏之象,信念危机处处皆是。"诚然,我们也生活在一个标志着创造、争鸣和变革的裂变时代。这一次"革故鼎新",是我们全面建成社会主义现代化强国的历史跨越,是实现中华民族伟大复兴的历史成就。习近平总书记指出:"实现中国梦必须弘扬中国精神。这就是以爱国主义为核心的民族精神,以改革创新为核心的时代精神。这种精神是凝心聚力的兴国之魂、强国之魂。"这种精神孕育于5 000多年的中华优秀传统文化,积淀着中华民族最深层的精神追求,代表着中华民族独特的精神标识。本着对当今时代的思量,本文试图通过重现那段裂变风烟中的动人事迹,来分析强秦之路背后的锐士精神,并呼唤今日之锐士为中华民族伟大复兴和中国梦不懈努力。

忠贞爱国、尚群为公

锐士精神首先是忠贞爱国、尚群为公的奉献精神。《大秦帝国》把尚群为公作为锐士精神的重要组成部分,并在作品中反复强调。尚群就是把群体的利益置于个人利益之上,为国家的事业贡献自我,这些自我包括王侯将相,也包括平民百姓。在变法图强、一统华夏的过程中,秦人惕厉自省,万众一心,上有孝公商鞅忧国奉公,殚精竭虑;下有布衣百姓挖田筑渠,为国蓄粮。在战场上,大秦的将士们奋勇杀敌,保家卫国,其背后也有父子分离、夫妻相别的悲情场景,然而家乡父老绝不是优柔寡断、有己无人之辈,"纠纠老秦,共赴国难"讲述的是沙场将士为国捐躯而无怨无悔,是巾帼女子辛勤劳作以立国固本。变法初期,商鞅为杜绝秦国百年来家族间争水械斗的恶性循环,依照秦国新法,将参与械斗之人斩首。行刑前,秦孝公非常矛盾,但不这样做,实际上是在宣告变法流产,秦国又将回到老路上，在穷困中一步步走向灭亡。 而商鞅坚定地认为：秦人明大理，识大体，秦国扛得住，秦人扛得住！ 果真如他所料，行刑现场，曾篆刻"国耻"石的老白驼，作为这次械斗的主犯之一，在行刑前慷慨陈词："私仇小，国仇大！ 秦人莫忘，私斗罪死耻辱，公战流血不朽！"护法自殉。 这次大刑，没有一族请愿，没有一人鸣冤。 自此，秦国新法伴随着强国梦深深扎根于秦国人心中，滋养了一代又一代大秦锐士。 小说第5部借青年嬴政之口将"忠贞爱国、尚群为公"的思想推向高潮——"人无神气，一事无成！ 国无神气，一事无成！"此气就是诚挚的爱国热情，其神能使万众一心，能在任何环境中催人奋进。

这种以爱国主义为核心的民族精神是中国梦的思想灵魂。 它来自中华儿女对故土家园和璀璨文化的深深眷恋，从"捐躯赴国难，视死忽如归"的悲壮到"但使龙城飞将在，不教胡马度阴山"的豪情，从"为中华之崛起而读书"到"起来，不愿做奴隶的人们"，无数发自肺腑的呐喊，饱含对祖国的热爱，成为报效祖国的不竭动力，使中华民族屹立东方五千年不衰，在涅槃中浴火重生。 近年来，习近平总书记在不同场合多次提到爱国主义精神对国家、民族的重要意义，勉励国人不忘历史，团结奋进。在党的十九大上，习近平总书记郑重宣布中国已经进入决胜全面建成小康社会、进而全面建设社会主义现代化强国的新时代，实现中华民族伟大复兴的中国梦指日可待。 越是接近梦想，前进的道路就越是艰辛，我们就越是需要强大的精神力量作为支撑，而以爱国主义为核心的民族精神将始终是实现中国梦的思想灵魂。

前赴后继、奋发图强

锐士精神是前赴后继、奋发图强的拼搏精神。 这种精神不仅仅属于浴血奋战的将士们，每个为国家兴亡而奋勇向前的儿女都配得上锐士的称号。 商鞅之所以选择弱小边远的秦国，一是因为秦孝公胸襟宽广，志向远大；二是因为秦人坚韧豁达，质朴善良。 正如他所说：他喜欢秦国的苦菜烈酒，尽显本色。 大秦锐士不贪念都市的锦衣玉食，也不眷恋各国的香车美酒。 将"强秦之姿"作为毕生梦想，他们食苦菜、饮烈酒，用精湛的黑鹰剑法为祖国开疆拓土；他们抛头颅、洒热血，用宁死不屈的精神在关山日夜坚守。 秦孝公曾在政事堂前立起"国耻"石，上刻"同心变法，洗刷国耻，若有异心，天地不容"，赤诚之心至死不变。 每当危难之际，总有大秦锐士在疆场上书写拼搏传奇。 这些人大多没有显赫的家世，或是布衣贫民，或是山野村夫，生存的压力本该消磨其斗志，恶劣的环境本该泯灭其理想，但他们生活在这个裂变之世，成长在这个充满了英雄与传奇的时代。 君王敢于破格用人，志士能够大展宏图，巨变下，他们用热血铸就辉煌的一生。 做事不计险难，劳动不畏艰辛，脚踏实地以能事为荣，披星戴月以公事为本，所以大秦锐士横刀立马扬名六国之外，大秦法令安内攘外吸引六国来朝。 正所谓"赳赳老秦，复我河山。 血不流干，死不休战。 西有大秦，如日方升。 百年国恨，沧海难平。 天下纷扰，何得康宁？ 秦有锐士，谁与争雄！"锐士的鲜血洒落在巍巍函谷、寂寂河西，洒落在夕阳下的咸阳城，凝成我中华民族永不磨灭的锐士精神。 这种精神鼓舞我们奋发图强，报国进取。

"历史车轮滚滚向前，时代潮流浩浩荡荡，历史只会眷顾坚定者、奋进者、搏击者，而不会等待犹豫者、懈怠者、畏难者。"正如习总书记所说："青年兴则国家兴，青年强则国家强。 青年一代有理想、有本领、有担当，国家就有前途，民族就有希望。"对我们青年来说，和平年代的"赤子之心"，就是树立强烈的主人翁意识和责任感，将梦想与社会发展需要相结合，不断加深自我认知，改正已有错误，从我做起，从学习生活的点点滴滴做起，在科教兴国、创新驱动、乡村振兴、军民融合等战略中大显身手，在社会转轨的大潮中，一往无前，奋不顾身，将创意与热情融入国家的现代化建设中，为实现中华民族伟大复兴的中国梦贡献自我价值。

革故鼎新、继往开来

锐士精神是革故鼎新、继往开来的创新精神。 创新是民族进步的第一推动力，是国家发展的核心竞争力。 裂变之初，六国密谋分秦，在这危急存亡之际，秦孝公在全国推行了轰轰烈烈的变法运动，先后超越强国魏齐，拉开强秦序幕。 变法，列国皆行，为何独有秦国大获成功？ 正如史家所言："然夷翟之秦，所以能跃为列强，长雄诸侯，乃至兼并六国，实亦商君变法之功也。"在我看来，商鞅变法有两个划时代的创新，一是对秦国治国理念和发展战略的思想创新，二是对军事、农商体系的制度创新。在商鞅入秦之前，列国都有过变法，但究其根本，还是礼治或人治，不适用于"比于戎翟"的秦国。 商鞅三见秦孝公，最终以"霸道"之说获得其鼎力支持，在秦国实践了"以法治国"的理念。 更具创造性的是，在初与秦孝公论天下时，商鞅便提出了"据河山之固，东向以制诸侯"的帝王之业，改变了秦国君臣长期被动防守的视野，并一直引导着秦国的统一大业。 以险固的河山作为后盾，进击中原，进而一统天下，这个战略思想在之后的两千多年中被无数政治家、军事家所采纳。 他们根据不同的社会背景、不同的自然条件，将其灵活运用，创造了一个又一个历史传奇。 在制度创新方面，为了改变国家的实力根本——经济和军队，商鞅提出"农战"策略，以战养战，耕战结合："兴兵而伐，则武爵武任，必胜。 按兵而农，粟爵粟任，则国富。 兵起而胜敌，按兵而国富者王。"国民战时为兵，平时为农，既可通过奋勇杀敌建功立业，也可通过精心耕种加官晋爵，通过"农战"奖赏制和废除贵族世袭制的结合，还为国家解决了人才选拔的问题，粮食增产，军队强大，吏治清明，国家富强指日可待。 站在当今的高度，商鞅提出的"农战"策略鲜明地体现了以农民为主要国民的国度，必须把"三农"问题放在首位的深刻思想。 商鞅在《强秦九论》里大量石破天惊的创造，在思想的高度让布衣百姓打破了"小民无为"的樊笼，让他们看到了建功立业、追逐信仰的希望。 自此，大秦儿女创业立功的热情彻底释放，将士舍身报国，百姓辛勤劳作。 变法二十年，八百里秦川频现锐士，骁勇新军令人闻风丧胆，雄厚财力稳居七国之首，神州大地奏响秦土尽是锐士的战歌。

中国历史上多时势造就的英雄，但少造时势的英雄；社会裂变中多改良主义的英雄，但少颠覆创新的英雄。 时势所造之英雄，车载斗量，改良遵从者，更仆难尽，寻常英雄也。 是故，要造时势定需继往开来的创新。对于肩负民族复兴事业的我们来说，如何学习发达国家在教育文化、科技制造、制度管理等方面的创新精神，并且在崛起中实现中国特色的创新，是一个关键而艰巨任务。 历史的经验告诉我们：唯改革者进，唯创新者强，唯改革创新者胜。 党的十八大以来，科技创新硕果累累，"一带一路"隆重起航，中国的改革创新令世界瞩目。 成长在这个以创新为标志的时代，我辈青年应当密切关注国计民生，在课题和实践中勇于探索，力图用新的思路和方法，助推民族复兴的进程。

不忘初心、兼容并蓄

锐士精神还是不忘初心、兼容并蓄的博学精神。《大秦帝国》浓墨重彩地描写了秦国历代君主对各个学派的融合与推广，不同派别的锐士都曾用本派学说助力过强秦梦。 法家商鞅针对秦风剽悍、秦人好战的特点，因时

189

变法，以农战为本，定分止争、富国强兵，如刮骨疗伤；纵横家张仪于六国合纵时入秦，凭借三寸不烂之舌和对列国形势的洞察，以"连横破纵"之创举，为秦国创造"大出天下"之机，加以后人范雎因时而动，明确"远交近攻"的外交思想，为王霸之业保驾护航；又有计然家蔡泽察民生而知利害，通货物、振百工、平物价、轻赋税，在大战之下保国计民生。在秦国"东向以制诸侯"的百年中，诸子百家在这片土地上不断切磋，秦国朝野也以罕见的包容并蓄的态度，将理论学派和思想学派知识融为一体，在战国末期终于形成集大成的作品——《吕氏春秋》。作为秦国一统天下之际的总结性著作，它生动体现了秦国崛起中雄视百家、跨越诸子、博采众长、精进不休的发展逻辑。以治国思想为例，《吕氏春秋》接受了儒家的民本思想和"德治"观念，认为"王之本在于宗庙，宗庙之本在于民"，善待百姓的君主才能实现国家富强，但其也继承了法家的君臣之别和赏罚之分。《用民》中说："（民）欲荣利，恶辱害，辱害所以为罚充也，荣利所以为赏实也。赏罚皆有充实，则民无不用矣。"从这也能看出秦国依然坚持了尚功利、奖耕战的传统。但在废弃严酷的刑罚和王权专制的基础上，《吕氏春秋》创造性地提出了"德治为主，法治为辅"的治国方略：君王应该加强自身修养，了解百姓的需求，先修身后治国，再据法、执势，教导百官去实现自己治国理政的目标，只要"上之人明其道，下之人守其职"，就能实现"上下之分不同任，而复合为一体"的大同社会。这种以"君无为"促进"臣有为"的治国之道又是道家"无为""天道"思想的现实体现，但同时也给君王提出了相当高的要求，也为后来的集权专制埋下了伏笔，这是后话。可以说，没有海纳百川、兼容并蓄的胸怀和气度，就没有秦国的崛起。

可悲的是，一统天下后，秦国统治阶级没能正确处理继承和创新的关系，用傲慢自大代替了兼容并蓄，从"废先王之道，焚百家之言，以愚黔首"到"焚书坑儒"惨案的爆发，春秋战国时代培养出的那种百家争鸣、取长补短的精神，完全被君主的独语霸权所取代。初心已失，精神亦灭，秦二世即亡。虽然不可一世的帝国凄凉落幕，但其兴亡中所展现的思想、黄金时代百家争鸣所创造的世界奇观以及沉痛的历史教训都是中华民族伟大复兴的重要财富。

和大秦锐士们一样，我们也生活在一个"裂变"的时代，这是一个"千帆竞发，百舸争流"的时代，只有不断学习，不断发现，才能有所进步，占得先机；这也是一个"百家争鸣，错综复杂"的时代，在矛盾中不断爆发冲突和蜕变，取胜的关键在于我们能否秉持信念，不忘初心。 在全球化背景下，西方思想文化不断渗透，文化霸权不断涌现，我们青年若是没有道路自信、理论自信、制度自信、文化自信的意识，在借鉴与创新的过程中就容易迷失个人奋斗的方向，陷入邯郸学步的窘境中。 因而，只有把中华民族伟大复兴的历史成就作为毕生奋斗目标，加以兼容并蓄的博学心态和一往无前的奋斗姿态，我们才能在这个"裂变"时代中杀出重围，铸就辉煌。

结语

大秦锐士体现的民族精神，肩负的历史重任，担当的时代使命，值得我们学习；他们横刀立马，不畏生死，在疆场上书写人生，值得我们思考。 党的十九大后，我国进入实现中国梦的关键时期，这个时候畏首畏尾、生搬硬套不仅无济于事，还可能功亏一篑。 我们应汲取大秦锐士精神力量，引导社会价值取向，弘扬民族精神，铸就中华长剑，捍卫民族梦想。 历史的车轮只会载走坚定奋进的勇士，而心猿意马、畏首畏尾之人，注定会被时代的潮流所淹没。 继承以爱国主义为核心的民族精神，秉承以改革创新为核心的时代精神，坚韧奋进，包容并蓄，不忘初心，牢记使命，我们定能在这个"裂变"时代中继往开来，成就中华民族伟大复兴的中国梦。

身无所待，心若秋水
——读《庄子》有感

文/施成祝

时至

"秋水时至，百川灌河。"

生灵流转，各有时节。时令至，则自有"两涘渚崖之间，不辨牛马"。秋风又起，庄周的彩蝶款款扑翼。而我，也该赴约了。

这一场约定，始于第一次听到"吾生也有涯，而知也无涯。以有涯随无涯，殆已"，惊讶于庄周的不拘一格之时，至今，已有七年了。

不细读《庄子》，我永远也想不到，庄子竟有一个如此奇妙的灵魂。

庄子的气度，用笔和墨，是挥洒不出的。文字乃至语言在他面前显得稚嫩娇小。刘文典说："我懂不了庄子，也没有人懂得了庄子。"是的，懂他的人何其之少！少到他只有与山川相和，同日月相语。

不求字字洞明，但求以纸笔方寸，画一汪澄澈的秋水，映照出庄周的朗朗乾坤。

自由

"相呴以湿，相濡以沫，不如相忘于江湖。"

钱穆先生评之"此欲人两忘生死耳"。 若生死两忘，何来牵挂？ 在我看来，虽有"相呴""相濡"，看似患难与共，实似鲲鹏借六月之息，列子御风而行，皆有所待，故难得"逍遥"。

何谓逍遥？ 逍遥即是心灵的自由。

儒学执中国文化牛耳数千年，《论语》言"学而优则仕"，学之必用之，以求"修身、齐家、治国、平天下"。 庄子不然，庄子说"偃鼠饮河，不过满腹"。 为何非要汲汲以求？ 好读书，则青灯古卷，焚香耕读；好山林，则曳尾于涂中，不居庙堂之高。 我心向明月，则观之明月；天心月圆，便胜繁花似锦，夫复何求？

以水喻之，儒学必是"滋养草木，繁衍万物"的有用之水；庄周即为"飞洒空中，啸咏山林，积聚泥潭"的无用之水，却别有一番无依无凭、逍遥天地的空明透彻。

庄子的心，太净。 净得可以一尘不染，也可以纳尽尘世污垢。

庄子的心，太自由。 自由到读过《庄子》，顿觉身负枷锁，不及他万分之一。

正如《般若波罗密多心经》佛言微妙，曰"无挂碍故，无有恐怖"，其中大义，与庄子所说"无所待"如出一辙。 心无挂碍，身无所待，则自得逍遥耳！

沧浪山水之间，庄子早已是随心所欲。 他可以天地作庐，星辰作衣，饮一瓢秋水，自在逍遥。

大小

"今言小大之辩，各有自然之素。"

庄子喜思辨，"大"和"小"是他相对主义认识论的永恒辩题。正如《齐物论》中所写"天下莫大于秋毫之末，而泰山为小；莫寿于殇子，而彭祖为夭"。不少人说庄子诡辩，实则物质的大小之辩并非庄子所求，庄子的眼界，在于"道"的大小。

"大言炎炎，小言詹詹；小恐惴惴，大恐缦缦。"庄子写"道"，不似老子"道可道，非常道"或是"玄之又玄，众妙之门"。庄子必然先穷尽形象、因果和循循善诱。

老子讲"道"，则谓之众人"道于斯也"。庄子讲"道"，则必先让你以手触物，以眼见象，以耳闻声，而后悟之。

《养生主》中讲"道"，说："夫道，有情有信，无为无形；可传而不可受，可得而不可见，自本自根，未有天地，自古以固存。"庄子觉得这还不够，他还要试图去阐释时空中的"道"："在太极之先而不为高，在六极之下而不为深，先天地生而不为久。"

"大道"究竟是何物？"小道"又是何物？《齐物论》也给出了答案："夫大道不称，大辩不言……道昭而不道，言辩而不及。"大道晦涩幽暗，不可昭明。凡所见、所听、所写，均为小道。这与"大音希声，大象无形，大巧若拙，大智若愚"所言异曲同工。目光反复流连于此处，总有心随庄周遨游时空天地之感。心到何处，"道"就在何处；心中念"道"，则道油然而生。

大道，正如四季时令变换之间，便有江山更迭，星移斗转，乃是一种智慧、超脱与透彻。

枝满春

《昭明文选》说：读庄子，应当是三五好友席地而坐，让一个14岁的姑娘，朗诵《秋水》，怡然听之。

每读庄子，弘一法师所言"君子之交，其淡如水。 执象而求，咫尺千里。 问余何适，廓尔亡言。 华枝满春，天心月圆"之境犹携清风雨露，跃然眼前，心神往之。

庄子的文字，从不流光溢彩，但自有清气。 他写风，"山陵之畏佳，大木百围之窍穴……泠风则小和，飘风则大和。 厉风济则众窍为虚，而独不见之调调之刁刁乎"？

庄子的笔墨、深邃的哲思和赤子的真诚相行不悖。 他说："夫大块噫气，其名为风。"读到此处，我不禁莞尔。 我仿佛看见了那个俏皮的庄周，着一袭布衣，赤足挎腰，指着天地，告诉人们："风是什么啊？ 风不过是大自然打出的嗝气罢了！"庄子丧妻，他"箕踞鼓盆而歌"，且言惠子"人且偃然寝于巨室，而我嗷嗷然随而哭之，自以为不通乎命，故止也"。 只因为他早已悟透生死，所以不会再去悲伤。

孔子，像一方鼎，大用之才，求天下之治；老子，像一江水，善利万物而不争，无为而无所不为。

庄子像什么？ 庄子什么也不像。

他就是他，是那个坐观枝头满春的庄周。

后记

落笔之时，正值党的十九大召开之际。 有人告诉我，庄子太消极！

敲的是现实的退堂鼓。

在党的十九大报告中，习总书记说"不忘初心，牢记使命"。庄子有初心吗？庄子有！庄子的初心就是成为他自己。庄子有使命吗？庄子也有。他穷其一生追寻"道"的痕迹。我们这一代人，当谨记自己的初心和使命，以毕生追求之。

也有人告诉我，庄子的"逍遥游"是唯心主义的幻想。习总书记在党的十九大上也提及要把握变与不变的辩证关系。庄子的相对主义认识论，正是一种辩证地看待事物的方法。

"自由"自然也需要辩证地被看待。绝对的自由有吗？可能有，但是庄子也没有达到。我们要追求的，正是相对的自由。庄子教给我们的，并不是他怎样看待世界，而是要让我们自己去学会认识这个世界，辩证地看待万事万物。这不光是庄子所想，这也是党的十九大所说，这也是我们这个民族赋予我们这代人的要求与责任。

庄子一袭布衣，赤足而行。恍然间千年已过，庄周依然是那个庄周，中国却已不是那个战火纷飞的中国。如果他眼见当今盛世，是依旧言"吾将曳尾于涂中"，还是慨叹"生逢盛世，大同之治不远耳"呢？

夸父逐日

——读《金刚经》有感

文/廖钰灵

"夸父与日逐走。 入日，渴欲得饮，饮于河渭，河渭不足，北饮大泽。 未至，道渴而死。 弃其杖，化为邓林。"

一位气吞山河的巨子，照拂一方百姓的部族首领，为何非要逐日？ 为留下一场"公无渡河，公竟渡河，坠河而死，其奈公何"英雄悲歌式的叹惋吗？

夸父早已化作千里邓林。 鸟来鸟去山色里，人歌人哭水声中。 我们从蛮荒走到城市一直在思考这个问题。

一

佛家长老须菩提，修行一生，德望之至。 在法会上，依旧满心困顿向世尊请求开释："云何应住，云何降伏其心？"我怎样才能控制住内心无尽的杂念，获得内心永远的光明呢？ 我一直潜心修行，可总有无尽的烦扰，像无尽的阴云笼罩，怎样才能拨云见日？ 佛言："善哉善哉。 汝今谛听，当为汝说。 善男子，善女人，发阿耨多罗三藐三菩提心，应如是住，如是降伏其心。"

"如是"而已矣，佛祖回答了须菩提的疑问，却也重新定义了须菩提的问题。 修行的意义是什么？ 须菩提觉得是降伏自己的这颗"躁动不安"的心，而佛祖却只道"如是"二字。 修行，是作如是观。

我本"见山是山，见水是水"，还怎么如是观呢？

一头雾水。

……

诸微尘，如来说非微尘，是名微尘。 如来说世界，非世界，是名世界。 须菩提于意云何，可以三十二相见如来否。 否也，世尊，不可以三十二相见如来。 何以故。 如来说三十二，即是非相，是名三十二相。

……

真真假假，是是非非，迷迷离离。

我们到底是怎样认识这个世界的呢？ 借用老子的方法，复归婴儿，睁开眼，看见亮光，有人用手指着它说"太阳"，我们就这样知道了万物的名称。 这些名称怎么来的呢？ 回到远古，祖先只是找一个符号，代指那个会发光、发热，一会儿出现，一会儿消失的伟大物体。

如此，有人便认为夸父逐日就是在追逐光明、追逐永生。 那可真像极了后世炼丹吞金，求长生不死的酸腐皇帝们。 太阳不是唯一的生长动力和光明源泉。 黑夜中万物休养生息，稍稍等待，旭日东升，一夜的修养，万物更具生机。 这恐怕不是只有现代人才明白的道理吧。 只在乎眼下的光和热的短视之人，即便是志怪异说里，古人也不愿配给他千里邓林的美好吧。

兴许远古的夸父只是一个偏执的科学家，他追着太阳只是想弄清楚它在哪里升起，哪里落下，在它"家"是否还有别的太阳，它怎样出生，怎样消亡……所以即便他死去，我们也希望这位敢于一探究竟的伟人，气息永存。

世间种种都有所生，有所死，有所更替。《论语》教导我们通过"视其所以，观其所由，察其所安"来认识它们。知道了万物种种的来龙去脉，便不会进退存亡失其正，这是《易》的教导。

释迦牟尼引用这一大堆是是非非，也是教导世间弟子"凡一切相皆是虚妄"，应作如是观，我们要用发展的眼光去找寻事物的本来，不应住声、香、味、触、法生心。

二

《金刚经》开篇佛祖就向众弟子申明了修道的目的是求得"如是"，方法是不住声、香、味、触、法。可是没讲两句佛祖竟然开始说"如来所说法，皆不可取，不可说，非法非非法"，"汝等比丘，知我说法，如筏喻者。法尚应舍，何况非法"，最后还强调"如来是真语者，实语者，如语者，不诳语者"。

这真的是那一群千百年来每日持珠唱念"佛法无边"的人日日跪拜的对象吗？不讲"向善"！不讲"戒律"！不讲"无欲"！竟让人舍法？还严肃地说"称如来有所说法者，即为谤佛"。

甚是不解。继续读。

……

须菩提，于意云何，斯陀含能作是念，我得斯陀含果否。须菩提言，否也，世尊。何以故，斯陀含名一往来，而实无往来，是名斯陀含。

……

须菩提，于意云何，阿罗汉能作是念，我得阿罗汉道否。须菩提言，否也，世尊。何以故。实无有法，名阿罗汉。世尊，阿罗汉作是念，我得阿罗汉道。 即为着我、人、众生、寿者。 世尊，佛说我得无诤三昧，人中最为第一，是第一离欲阿罗汉。 世尊，我不作是念，我是离欲阿罗汉。 世尊，我若作是念，我得阿罗汉道，世尊则不说须菩提是乐阿兰那行者。 以须菩提实无所行，而名须菩提是乐阿兰那行。

……

我不懂佛家的果位如何修得，孰高孰下，恍惚中猜想"斯陀含名一往来，而实无往来，是名斯陀含"，能说出斯陀含的思想境界，却不得斯陀含的果，是因为"无往来"。 好似得了世间最厉害的武林秘籍，其心法要诀烂熟于心无可辩驳，但终无一日加修苦练，终无一日与他人对决求教。如此四体不勤，即使得佛祖口传心授的无诤三昧，也不能成为人中第一。

想起《论语》中，子路向一位执杖老者询问："您看见我的老师了吗？"杖者正在耕种，没有立刻回答他，子路拱手作揖立在杖者身后。 半晌，杖者开口："四体不勤，五谷不分，算什么夫子。"杖者当日还是留下子路住宿，杀鸡款待，并让他的两个儿子来见子路。 第二天，子路见到孔子，把杖者的话告诉他。 孔子曰："隐者也。"此人必是高士，让子路赶紧再回头寻访。

即便是孔子，仍深感自己躬行不足，自身所学没有充分得到验证。 我等仅有一张薄纸傍身，粗陋学习了部分领域的知识，还自诩天之骄子，不愿躬行，恐怕更不能了解真正的世界。

我们口中所谈的世界，并不是真正的世界，仅仅是我们认知的世界。所以是名"世界"，它由自己的想象，他人的见解，大众的观点，老者的经验构成而已。 置身其中惚兮恍兮，其中有象；恍兮惚兮，其中有物；窈兮冥兮，其中有精；倘若停留于此，不去真实的世界中摸爬滚打，终不知其精甚真，其中甚信。

那到底如何摸索呢？ 如何才知道自己的尝试是正确的呢？ 佛祖继续开释。

当须菩提连续说出，无论是否作是念，均不得果位，无论是否作是念，均得果位时，世尊在心里认可了须菩提是乐阿兰那（无净）行者。 当修行者执着于什么样的思想境界可以得到什么样的果位时，其实他只是陷溺于自己的想象，或是仅听他人解说，究其原因，是没有认识到事物之间的相互印证。 是否得阿罗汉果，并不取决于我能否作是念，而是取决于我内心"本来的想法"。 就像佛祖内心认可须菩提为乐阿兰那行者，是因为须菩提真的明白其中的义理，并非为求果位刻意为之。

什么是"法"，不可说，只可印。 所以世尊不说须菩提是乐阿兰那行者。 一旦世尊说须菩提是乐阿兰那行者，那须菩提就不是乐阿兰那行者了。 这也是子路寻不得老者的原因。 倘若杖者当真被子路请去，遇到了夫子，两个心知肚明的人，辩者不善，善者不辩。 所以杖者不遇。

真真是无"法"所说，正如《论语》中，鲁定公问孔子，"有没有一句话可以让国家马上兴旺？"孔子大概只能苦笑说"言不可以若是其几也。人之言曰：'为君难，为臣不易。'如知为君之难也，不几乎一言而兴邦乎？"兴旺国家，没有什么锦言妙语，为君的好好执政，为臣的各司其职，国家好好运作，怎么不会兴旺呢？"那有没有什么言语，一句就可以使国家灭亡呢？"定公又问。 真是个不通事理的家伙。 夫子还是耐心地说："言不可以若是其几也。 人之言曰：'予无乐乎为君，唯其言而莫予违也。'如其善而莫之违也，不亦善乎？ 如不善而莫之违也，不几乎一言而丧邦乎？"

孔老夫子说"予欲无言"。 曾子说"唯"，夫子便知道曾子已得法。只能说这是一个超脱言语的体系。 因果流转，真知假知，一验便知，应作如是观，定能得证。

三

正如夸父逐日一样，每个人心里或多或少有这么一念执着，非要把什么搞清楚。 或为公，或为私，或伟大，或极端，都是一念感觉而已。 我们有所动，皆是在为明日埋果，昨日的明白会成今日的糊涂，今日的糊涂，到了明日说不定又明白了。 观这动动静静，因因果果，各种玄奥，自然而然，清朗明白。 没有特别的法，无须拼死以逐，如是观而已矣。

社会政法篇

好时代？ 坏时代？

——读《大数据时代》有感

文/黄译葭

狄更斯曾说："这是最好的时代，这是最坏的时代。"舍恩伯格先生潜心研究数据数年，洞悉这一时代的发展趋势，知道它的"好"与"坏"，并写下《大数据时代》一书。他在书中从思维变革、商业变革、管理变革三个方面向我们介绍了大数据时代，这让我更精确、更快地了解了这个大数据世界。读完该书，我觉得十分震撼，也有了许多思考。在这里，我将选择书中具有代表性的言论、章节谈谈我的看法。

用数据说话

正如书中所说，大数据开启了一次重大的时代转型。就像望远镜让我们能够感受宇宙，显微镜让我们能够观测微生物一样，大数据正在改变我们的生活以及我们理解世界的方式，成为新发明和新服务的源泉，而更多的改变正蓄势待发……这也正如那句谚语所言：除了上帝，任何人都必须用数据说话。我们生活在一个巨变的时代，一个属于数据的时代。从书信到电报，从电话到网络，不可否认，数据是中坚力量。 数据的出现与发展使时代不断地变化。 数据是真理，其科学性毋庸置疑。 无视数据，我们的前路将一片茫然，宛若置身于一片迷雾中，找不到方向。

回望民国，民国的烟雨朦胧了多少岁月，却也吞噬不了马寅初对数据的执着与坚持。 那时，"人多力量大"的口号早已深植人心，于是人们忽视了人口激增可能带来的不良影响。 而马寅初独具慧眼，对数据进行创新性的研究，并编著了《新人口论》一书。 他对人口数据的真知灼见，敢于用数据说话，用真理捍卫数据，为中国人口的科学发展做出了历史性的贡献。

用数据说话，对数据加以运用与创新，是时代革新的必经之路。 邓亚萍，从国家运动员到后来的人民搜索网络公司总经理，靠的是什么？ 正是数据这一助推器。 邓亚萍始终坚信数据就是王道，点击率才是硬道理。人民搜索网每天的点击率与百度、搜狗等搜索引擎不相上下，靠的又是什么？ 正是她与团队针对数据不断地进行分析与革新。

马寅初、邓亚萍用数据说话，也正印证了舍恩伯格在书中的观点：无论是在生活、工作中，还是在思维领域，数据都是我们发现世界、了解世界的重要途径。 通过对海量数据进行分析，我们可以获得具有巨大价值的产品和服务，或深刻的见解。

世界的本质真的是数据吗

前文谈到，用数据说话是我们都应掌握的一项"技能"，但如果把数据的作用不断扩大，如书中所说的"世界的本质就是数据"，我认为这有失偏颇。 我认为，数据只是衡量这个世界的一把尺子，若世间一切都由数据构成，数据将会"变质"，甚至成为禁锢我们思想的囚笼。

毋庸置疑的是，我们在储存、记录或判定某事物的时候都会或多或少地用到数据，我们所处的这个大数据时代给我们的生活带来了极大的便利，人们对数据的分析和计算带动了整个人类文明的发展。但是，大数据时代的发展却也使我们的生活节奏渐渐加快。如今，在安静的午后呷一口清茶，捧书浅读的人越来越少，取而代之的是不停地刷手机的"低头族"。大数据的发展带来了别样的社会风气。

　　移动宽带、云计算和物联网等科技发展的同时，我们是不是对事物本身具有的潜力有所忽视了呢？之所以说不能用大数据来衡量一切事物，是因为每个人都有自己的内在潜力。这让我想起了民国时期《现代》杂志的主编施蛰存先生。被他收录于《现代》中的文章的作者不乏海明威和福克纳等名家。可在当时，他们尚是新星，并不都有完美的、惊人的排行成绩，却在后期的写作中出乎意料地有了惊人的成绩。由此看来，并不是任何事物都要靠大数据来说话的吧？然而，我们的社会要发展，大数据的借鉴是必不可少的。充分地利用数据的同时不被假数据的表象所蒙蔽，并将其作为工具以使生活更加快捷和方便，同时节省时间，这未必不是一件好事。我们不能忽视大数据给我们带来的便利，只是不要凡事都以大数据作为做事的标准，把它作为一切的本质，以至于丧失了对情感和对事物潜力的判断能力。

　　在以数据作为世界本质，一味把它作为标准尺度来衡量事物的同时，我们是不是忽略了人与人之间无价的情感的存在呢？不管社会如何发展，父母对我们的爱是无法用数据来衡量的，人与人之间的关怀也不能单靠数据来评定。难道每次受到关心或得到帮助，我们都要记录下来，然后根据年终评定的大数据来决定我得回馈多少吗？我想不必这样吧。每个人的心中都有自己的标准，它不是数据能说明的，却比数据更富有人情味。

　　普鲁斯特的《追忆似水年华》中写道："我似乎任沉浸于过去恬静淡雅的生活中，周围虽然已被时代的变迁所改造，可我的心永存。"数据也许是这一时代不可缺少的东西，但我认为它并不是世界的本质，我们应在数据的时代活出自我。

远离冰冷的数据

行文至此，不禁可以得出以下结论：我们应学会用数据说话，但不能把数据作为禁锢我们思想的囚笼。 而从另一个角度看数据，我们会发现：数据也具有两面性，它可以带给我们美好，也可以把我们引向黑暗。 书中谈到数据化社会中的一切皆可"量化"，这并没有错，但在数据化社会中，我们应该拒绝那些冰冷的数据，让数据也能温暖人心。

曾经，我们无限推崇数据的重要性。 我们急于用数据来说话，用数据来证明我们的进步。 中华人民共和国成立初期，我们把强国梦幻化成"赶美超英"的钢铁生产数据；改革开放初期，我们也把富国梦量化成那不断飙升的 GDP（国内生产总值）数据；具体到个人，我们也把那一连串不断增加的人民币数字作为衡量幸福生活的标准。 国家的振兴富强，个人的自我实现，好像都和数据紧密相连。 数据的作用被无限放大，以致衍生出了可怕的"唯 GDP 论""财富论"。 当一个国家或个人，完全用数据来衡量一切时，难道没有一丝冰冷的寒意？ 没有一种被逼迫至死角的压抑感？

不可否认，当我们对一个事物进行评价时，数据有着一定的客观性、合理性，尤其在崇尚科学的西方，数据成了科学的代名词，成了度量一切的标准。 但东方千百年来的智慧也告诉我们：物极必反。 当把一个标准的作用放至无限大的时候，也是这个标准产生异化的时候。 我们的国内生产总值一路飙升，但其中是否有掺假的成分，我们不得而知。 而在光鲜的数据下，又有多少民生问题被解决了？ 又有多少百姓的诉求得到回应了？当我们手握现金，或是看着银行卡里那一串长长的阿拉伯数字时，我们的双手是否干净？ 我们的内心是否安稳？ 我们的人情是否依旧？ 数据不是唯一，它只是一些数字而已，而冰冷的数据不会温暖我们的内心。

但幸好，人终究是人，我们不会也不可能完全被数据所控制，以致只能生活在冰冷的数据之中。 我们的政府不再一味地追求国内生产总值的增长，不再只关注经济的增长速度，而把目光放在了民生问题的解决上。汶川地震、雅安地震发生时，媒体也不再把伤亡人数用一个个冰冷的数据来表示，而是对所有遇难同胞的名字予以公布，让死者安息，生者欣慰。当你看到一个个同胞的名字在电视屏幕上滚动时，是不是觉得这比一个个冰冷的伤亡数据更加温暖，更加贴心？

在大数据时代中，无数数据存在于世，但我们不能让数据带来黑暗，也不能让数据掩盖黑暗，而应让自由与责任并举，也让数据不再冰冷。

时代的蜕变，一点一滴地昭示着人民、社会、国家的进步和成熟。 恩格尔系数的逐步下降，反映着人民生活水平质量的提高；国内生产总值的增长，奏响了国民生产力节节升高的乐章。 这些大数据，显示着时代的进步，时代的列车一直在缓缓前行着，幸福的大数据时代遥遥可见。

舍恩伯格教授的这本《大数据时代》带给我无尽的思考，同时也让我相信，大数据为我们提供的不是最终答案，而只是参考答案，更好的方法和答案还在不久的未来。 我亦相信，未来大数据的发展也会如舍恩伯格所说的，是一场生活、工作与思维的革命，会给我们带来更多的美好。

最后，我想引用狄更斯的话结尾：

这是最好的时代，这是最坏的时代；

这是智慧的时代，这是愚蠢的时代；

这是信仰的时期，这是怀疑的时期；

这是光明的季节，这是黑暗的季节；

这是希望之春，这是失望之冬；

人们面前有着各样事物，人们面前一无所有；

人们正在直登天堂，人们正在直下地狱。

无论大数据时代是好时代还是坏时代，我们都应始终以开放的姿态和创新的勇气，正确甄别大数据，正确利用大数据，相信未来会给我们答案！

从资本主义到共享主义

——读《零边际成本社会》有感

文/幸梦莹

杰里米·里夫金在《零边际成本社会》中构建了一个以物联网为基础的，产品、服务的边际成本近乎为零的协同共享的社会，对资本主义发展的前景进行了预测。 三大互联网——能源互联网、通信互联网、物流互联网——将通过传感器和软件将世界上所有的人和物连起来，包括人力、设备、自然资源、生产线、物流网络、消费习惯、回收流以及经济、社会生活中的各个方面，不断为各个节点（商业、家庭、交通工具）提供实时的大数据。 这些大数据将被进行先进的分析，转化为预测性算法并编入自动化系统，进而提高热力效率，大幅提高生产率，从而将整个经济体内生产、分销商品和服务的边际成本降低至趋近于零，每个人都能够享有物联网中产品和服务的使用权。 在边际成本近乎为零的社会中，人们不再是物的所有者，而是一定时期的使用者，所有的商品与服务都是协同共享的，与资本主义的私人所有权制度存在着明显的区别。

资本主义的内在矛盾：边际成本近乎为零

从竞争到垄断。 在资本主义的内在框架中，资本家凭借对生产资料的所有权的占有，使劳动力成为资本的附庸，并通过对工人的剥削获取剩余价值；物质主义使得资本家不仅仅满足于获取社会平均利润，他们通过技术创新来提高自身生产力，缩短商品与服务的必要劳动时间，从而获得超额剩余价值。 然而，逐利本性驱使市场上的每一个资本家都通过这样的方式参与竞争，以致超额剩余价值只能是暂时的。 为了维持超额剩余价值，市场上的竞争会不断加剧，从而促进了垄断资本主义的形成。 正如马克思在《资本论（第一卷）》中论述资本积累过程时所提到的，资本主义积累的历史趋势便是生产资料的不断集中：当社会内部感受到"小生产"模式的束缚，便产生了资本家对劳动者生产资料的剥夺，使得个人的分散的生产资料转化为社会的积聚的生产资料，从而使多数人的小财产转化为少数人的大财产；当大资本家对于超额剩余价值的获得愈加渴求时，便产生了大资本家对小资本家生产资料的剥夺，使得资本进一步集中，进而形成寡头乃至垄断市场。

从垄断到竞争。 马克思通过对资本积累历史趋势的分析并结合当时已经出现的垄断组织萌芽，得出"垄断的产生是必然的"的理论推断。 然而，从长远来看，正如凯恩斯、兰格所预言的那样，新的创业者总会挤入体制内，探寻提高生产力并降低价格的技术创新，使垄断商品、服务或其替代品的售价不断降低，从而动摇垄断者的地位，市场会重新充满竞争。

从竞争到边际成本近乎为零。 由于新的市场参与者总会出现，垄断只是资本主义市场经济的中间形式，竞争才是常态。 激烈的市场竞争不断催生新技术，使得生产率不断提高，产品的边际成本逐渐降低；当生产率提高到极限，形成"极致生产力"时，若不考虑固定成本，产品的边际成本接近于零，在最有效的经济模式下，消费者只需支付产品或服务的边际成本，故此时资本家无法收回生产的成本，没有任何利润空间。

为了获取更多的利润，资本家不断进行技术创新，以降低生产成本。然而，随着生产率的不断提高，产品与服务的价格将最终降低至接近于零，资本家无法收回其投资，资本主义的利润将枯竭，这与其为了获取利润的初衷是相违背的，这也是资本主义的内在矛盾。

公众：从消费者到产消者，从所有权到一定时期的使用权

资本主义是建立在资源有限、欲望无限的经济学假设之上的，"物质主义"支配着人们的行为——只有获得更多的物质成功并提升地位时，才能获得他人长久的赞赏，快乐来源于消费行为。但是，大量统计数据表明，"幸福感曲线"是呈钟形的：当一个人的收入能够为他提供基本舒适和安全的生活之后，财富和消费的增加在带来幸福感总体提升的同时会使边际收益递减；当财富和消费继续增加至某一点后，幸福感就转变为不幸福感，此时的财富积累成为一种负担，使幸福感降低。这体现了资本主义的破坏性之一——抑制了人的情感本性，让人们总是利己、功利地生活，而忽略了人本能的对融入社会的渴求，对归属感的向往。

正如广告商深刻明白自己是在为物质主义编造欲望，公众最终会意识到自己是在"过度消费"，认识到自己的情感本性——我们最想要的东西是人与人之间彼此喜爱、接受和认同，并清楚地知道这种东西并不稀缺，反而是过剩的，进而由"功利主义"回归"社会本能"，从对"金钱价值"的崇拜转为对"社会价值"的关注，并使占有欲逐渐减弱。公众不再在意商品和服务的归属，而只在意在某个时期自己是否能够使用该商品，从对所有权的渴望转变为对"某一时期的使用权"的需求，资源共享的理

念将深入人心。"交换价值"会被"共享价值"替代，使边际成本接近于零的协同共享成为可能，每一个消费者都能够利用物联网中成本极低的能源、通信平台及物流手段生产自己所需要的物品，使自己成为"产消者"。蓬勃发展的"3D 打印""网约车""沙发旅行"等共享经济模式便是这一转变的开端。

政府：大力支持"合作社"的发展，倡导共享管理

物联网建设的一个重要特征是资源的横向整合——通过集中某一类资源，使该资源可以被全社会共享，从而减少资源闲置或重复建设现象。尽管现有的技术水平难以将世界上所有的事物连接起来，但是局部共享的实现也是一个不小的突破，它将使生产的成本大幅降低。

美国、欧盟等地区的建设经验表明，"合作社"是实现局部共享的有效组织形式。各种类型的合作社通过整合、集中当地资源进而使资源在地区内乃至地区间实现共享，大大降低了产品与服务的生产成本。以物流资源共享为例：在目前的物流系统中，大多数私营企业都只有一个或几个仓库配送中心，只有很少的企业拥有超过 20 个仓库或配送中心；大多数独立仓库或配送中心通常只与一个私营企业合作，很少有仓库或配送中心同时与 10 家以上的物流公司合作。这极大地限制了跨区域货物的储存与运输。若建立一个物流合作社，将这些中心集中在一个由复杂分析和算法进行管理的开放的供应网络中，企业便可以使用该系统储存货物，并在任何给定时间内以最有效的方式按路线发货，能源效率和生产率将得到极大的提高。

虽然建设新型合作社的固定成本远低于第一次和第二次工业革命集中式科技平台的筹建和维护成本，但仍然是各个私营企业难以负担的。新型

合作社一旦建成，只要是资源被整合的地区，都能够共享合作社的资源，并以近乎为零的边际成本进行生产，生产成本将大大降低，社会整体福利也将进一步提高，具有很大的公共属性。 因此，政府作为公共产品的提供者，应该大力支持新型合作社的建设，尤其是资金方面的支持。

与传统的管理公共空间资源、避免库存产生损耗不同，管理物联网的三个关键基础设施需要关注使用时间，以避免拥堵。 作为公共资源的管理者，政府应该大力倡导"共享管理"理念，使"合作"意识深入人心，使物联网中的资源能够被有序地使用，避免资源使用失控的悲剧。

失业：大规模技术性失业的同时会创造新的就业岗位，转变就业方向

"技术性失业"是指由于探索节省人力劳动方法的速度超过了新岗位的生成速度而造成的失业，这与马克思在《资本论》中论述的失业有显著的差别。 马克思在讨论资本主义积累的一般规律时提到，随着劳动生产率的提高，资本结构发生改变，对劳动力的需求相对减少，导致工人失业，即相对过剩人口的产生。 马克思的失业理论认为相对过剩人口具有周期性，与工业周期阶段的更替有关，这些过剩人口在经济繁荣时有可能回到原来的岗位。 而技术性失业中节省人力劳动的方法是将人类劳动力彻底从原来的工作中释放出来，用机器或其他东西替代工人。 因此，技术性失业导致的过剩人口只能被新出现的岗位所吸纳，不可能被原来的岗位重新接纳。

技术性失业的这一特性或许会成为物联网建设过程中的一大隐患——在产品、服务的边际成本还没有降至零时，大量的失业人口会极大地加重社会保障的负担，在他们的基本生活难以为继时，会对社会的和谐稳定造成威胁。 不可忽视的是，正如每一次技术革命带来的大规模失业一样，物

联网建设在导致一些工作岗位消失的同时也创造了新的就业机会。

就短期而言,全球能源体系的转变既是从化石能源和核能向可再生能源的转变,也是向劳动密集型产业的转变,因为基础设施的建设需要数百万工人,产生数千种新的行业。 例如,将全球电网整合成一个能源互联网,这将创造数百万个装配工作机会和数千家网络应用软件公司。 就中长期而言,就业机会的增长方向将从市场相关部门转向共享模式,流入非营利领域,这与非营利机构在物联网建设中所起到的横向资源整合的作用密切相关。

由此不难看出,在零边际成本社会的建设过程中,不可避免地会出现类似于中国国有企业改革中出现的阶段性大规模失业的现象。 大量过剩人口是经济形式向前发展的必然结果,产业结构调整完成之后,会形成新的就业格局。

思考:零边际成本社会的前提假设

杰里米·里夫金对于资本主义必将导致生产的边际成本降至接近于零没有做过多详细的解释,仅在书的第一章中以"但从长远角度来看,新的市场参与者会不断涌现,他们将带来技术突破"一笔带过。 这里,竞争的必然性与马克思主张的垄断的必然性存在矛盾。 垄断的必然性建立在资本家贪婪的本性之上,从资本家剥夺工人的生产资料到大资本家剥夺小资本家的生产资料,生产资料高度集中,少数几个大资本家凭借生产资料的所有权使市场由竞争转为垄断。 作者主张的竞争必然性必须以其他市场参与者仍掌握一定的生产资料并愿意不计自身利益而通过技术创新进入垄断市场为前提。 这是否与资本家的贪婪本性以及小资本家、工人的生产资料完全被剥夺相违背?

形成并维持零边际成本社会的前提假设是：公众由"功利主义"回归"社会本能"，从对所有权的渴望转变为对"某一时期的使用权"的需求，并认识到资源并不稀缺，产品是相对过剩的；"社会价值"取代"金钱价值"，"交换价值"被"共享价值"替代，人们更加看重"社会利益"而不是"个人利益"。而这些都是与资本主义的经济学假设相违背的。虽然从网约车、"沙发旅行"、3D 打印中可见共享经济的身影，对千禧一代"同感教育"的调查也能反映一部分人的心态的转变，但是目前的共享模式所涉及的领域还只是社会经济生活的冰山一角。各个市场参与者都愿意放弃资源的所有权以实现共享吗？从心理学的角度来看，对物的所有权的拥有可以带给人自我满足的效能感，一旦放弃这种所有权，是否意味着社会阶层的消失？是否意味着每个人无论拥有何种程度的教育水平、专业技能都可以享受同样的生活水平？再者，当前的共享经济中已经有从竞争演变为垄断的趋势——滴滴公司收购优步公司，使网约车市场由寡头向垄断转变，让人不禁觉得此时的共享不过是为了培养消费者的消费习惯，终极目标是超额利润。

　　尽管政府职能在不断地发生变化，但是当大规模失业现象出现时，政府真的能够"坐视不理"？政府的职能真的可以弱化到作为经济的"旁观者"吗？每个国家都有着不同的历史背景，认同着不同的文化观念，"强政府"还是"强社会"等观念难以统一。虽然"理性"驱使政府顾全长远利益，但是相机抉择的控制力屡试不爽。

　　零边际成本社会虽然在短时间内不一定能够到来，但是至少会成为资本主义发展的一个可能的方向。正如人们冲破封建制度的束缚迈入资本主义社会一样，当资本主义对人性的束缚到达一定程度，精神层面的革命完成，科学技术实现质的飞跃时，人们会向着协同共享时代行进，共建零边际成本社会。

跳出酱缸，中国人不丑陋

——读《丑陋的中国人》有感

文/陈琦

　　明镜高悬，方知人之丑陋；针锋相对，当识改良之方。 在狱中度过人生中最寂寞也是最清醒的 9 年零 66 个日子的作家柏杨，用颤抖的手指划破死寂的黑暗，用喑哑的喉咙挣脱现实的束缚。 他努力地，针砭时弊；他痛苦地，奔走哀号。 然而，一个人的目光总是会受到种种局限，或是自身经历，或是时代背景。 理性的人当因时而异，理性地看待中国人的丑陋。我们应当挣脱历史的局限性，看看中国人是不是丑陋的，看看为什么会有"酱缸文化"这样一个标签贴在中国传统文化上！

中华传统变身"酱缸文化"

何为"酱缸文化"

　　悠悠中华，文化似长河，流淌了千年。 可在柏杨先生眼中，这文化长河是一汪死水，所有肮脏、丑陋的东西就这样一点一点地累积起来，愈积愈多，愈久愈腐，最终竟成了一个"酱缸"，酸臭不已。 这岂不是一个民

217

族的悲哀？

这个比喻虽然形象，但似乎不那么好理解，不如把它抽象出来，谈谈到底什么是酱缸文化。中国人眼中的文化和文明大概是同一种东西，都是无形的，精神上的，不像西方，把物质与器物的进步作为一种文明的象征。因此，柏杨先生所指，应当是封建统治时期的儒家思想。但是对历史稍有涉猎的人都懂，儒家经典迭遭窜改，并未在中国历史舞台上以真面目出现过。究竟是经典之罪，还是人类的动物性所引发的贪欲和自私而导致酱缸愈来愈稠，我们不应当武断而定。

中华传统为何而生

卑劣的人性总是需要一种引导，一种约束，于是，便产生了中华传统。动物性作为一种天性，其危害人尽皆知。而中华传统恰恰为此而绵延并不断地焕发生机。当一个人想作奸犯科时，中华传统的声音告诉他不应如此；当一个人想为非作歹时，中华传统的道德底线让他深受良心的谴责。它压抑人性，所以不被看好。但是，就是这样一种真真实实的文化助我们走过了几千年的路程。但在柏杨眼中，中华文化全无益处，俨然一酱缸。

且不谈中华文化的精华去哪里了，单看这酱缸的说法就颇有不妥。这还要从柏杨先生的特殊经历说起。政治上的不得志让他十分迷茫，而"大力水手"这个引子终于激发了他与蒋家的矛盾。柏杨先生满眼都是官场的污秽和政治的博弈，回顾古代的官场似有酱缸之嫌。但我们要想清楚的一点是，这其中的种种问题是不是整体的，是不是全时段的，中华传统文化的最初目的究竟是什么。其实，我们大可不必将中华文化统统扣上酱缸的帽子。如此，是以偏概全；如此，是偏激武断。

"脏""乱""吵"下的文明对决

脏

好像中国的街道更脏，好像外国的月亮更圆。但是，这到底是一个民族的劣根性还是人类的劣根性，或者这仅仅是由物质生活条件所影响和决定的，与文化无关，与整个民族的丑陋无关。在窗明几净的图书馆里，行走在大理石地板上，人们会不会随地吐痰？田间地头辛苦劳作的老农，他不把痰吐到地上又要吐到哪里？这不过是物质生活环境差异所致，并不是普遍的素质问题。回想那些流放到澳大利亚的英国人，去了北美的意大利人，他们当时是不是随地吐痰？我想肯定是吐的！因为现实在那里，环境在那里。由此可见，这是阶级属性所致，而非民族劣根性。

乱

乱到什么程度呢？柏杨先生笔下，乱到所有人都去争抢。这不就是市场经济吗？西方的市场经济！换一种说法，乱，其实就是有活力嘛。好的产业大家一窝蜂地去投资，最终导致产能过剩，因为在西方市场经济文明下，大家都想争取利益最大化。人们不排队买票了，人们更加自私了。20世纪80年代的年轻人是不让座的，因为他们坚信竞争使人进步。但是，中国传统文化是怎样的呢？"能以礼让为国乎？何有？不能以礼让为国，如礼何？"（孔子《论语·里仁》）

在中华文化中，个人小我要服从社会大我，个人命运与社会命运息息相关。但是柏杨提出了反对意见，这实则是为自私自利正名，为个性解放正名。当中国人都不让座的时候，这个社会就成了柏杨笔下的乱。

其实，柏杨只是以平等、自由、博爱之名来否定封建专制（蒋氏家族统治），但是他忽略了其后果是1%的人会控制99%的财富，最后成了一个弱肉强食的社会。 这无疑会被贴上"大资本"的标签!

吵

中国人为什么吵? 中国人都必须吵吗? 只有中国人在吵吗?

匹夫之怒,以头抢地;天子之怒,血流成河。 在这个社会上,有些人是带着麦克风讲话的,他们不必吵,因为地位使然。 虽说有理不在声高,阶级势力压得有些人不得不喊着讲话。 可见,这不是一个民族的问题,而是一个阶级的问题。 我相信西方的农贸市场也一定是吵闹的,西方的工人举行罢工活动时也一定是吵闹的。 这个世界不止中国人在吵,中国人也不都在吵,问题的根源在于阶级矛盾,在于地位悬殊。

中国人的"窝里斗"源于传统还是来自西方

中国人为何要"窝里斗"

柏杨先生说,三个中国人是一条虫,一个中国人是一条龙。 这种不团结的现象有没有呢? 绝对有! 台湾官场就是一个典型的例证。 但是,这是中华文化的错,还是没学好中华文化的错? 或者说,这是因为中国人学习了西方的文化! 两次世界大战都起源于西方,西方果真团结吗? 西方强调利益最大化,人权高于主权,自由和民主就是一种"窝里斗"。 英法百年战争,西方小国林立,而中国却屡次实现大一统,昭示了团结的力量。

退一步讲,就算我们没学西方,也有父子相残,兄弟相杀,但是这难道不是人的劣根性所致? 以自我为中心,只求自身利益,这还是人的劣根性,说到底就是人的动物性。 中华文化教导我们,"老吾老以及人之老,幼吾幼以及人之幼"。 有一句话说得很好:"发乎情,止乎礼义。"礼是中华文化，中华文化教人们要学会团结！

从文化差异看待"窝里斗"现象

"窝里斗"是儒家文化所致？ 这不禁让我想到，阿根廷，60 年内爆发 10 次政变；哥伦比亚，70 年间内战 27 次，大规模骚乱 10 次。 德国，可以几百年内战不休，也可以无比团结，而这全在于当代者的努力，与当年内战何干？ 如今中华民族要凝聚起来，也需要我们当代人的努力，和玄武门政变何干？

针对人类的劣根性，中华文化教人大公无私，教人团结，教人把周围人变得大公无私，变得更团结。 这是柏杨先生所没有想到的，这也是我们当代人所要看到和传承的。

从中西方文明的区别看"酱缸文化"的作用

中西方文明的本质分歧

文明人与原始人的本质差别在于其对动物性的抑制。 西方文化鼓励释放人的动物性，而中国传统文化却抑制人的动物性。 但是我认为，用一种文化来感化人，使人向善，使人文明，这才是一种文化先进性的体现。

这时有人不禁会问，中国的传统文化这么好，那为什么会落后？ 为什么会挨打？ 为什么会出现那么久的屈辱的历史？ 这些问题不可回避。 但是，当一种讲究道德、讲究和谐的文明对抗一种弱肉强食的文明时，器物的先进果真就能代表文明的优越吗？

从某种意义上来说，西方文明代表未来，而中国文化代表过去，所以西方先进，中国落后。 但是人们没有看到的是，这样比较，无疑是将正义和道德抹杀了。 只要打赢了就有理，这岂不是成王败寇的道理！

从中西方文明的分歧看待优与劣

在文明与文化的区分上，中国人的定义显然要更模糊一些。 中国人更看重精神层面，如"衣冠禽兽"，当一个人内心肮脏丑陋的时候，就算他的外表再光鲜亮丽，也不过是禽兽而已。 而西方更看重器物，他们觉得枪炮也是一种文明，但这不恰恰是野蛮的象征吗？ 物质等于文明吗？ 其实不然。 在一定程度上它们反而是成反比的关系。 马克斯·韦伯在《新教伦理与资本主义精神》里指出，新教伦理是资本主义发展的内在动力，人们需要节俭、刻苦、勤奋，生产出来的东西是为了供奉上帝的，而自己不能享用，以此来发展资本主义。 但是，在 19 世纪末的欧洲，新教伦理根本经不起资本主义的摧毁，器物却占了上风。 这就是西方文明。

西方文明实则是一种弱肉强食的文明。 但是它有一个漂亮的外包装——自由、民主、平等、人权。 正是这层华丽的包装使迫切想要改变中国的柏杨迷失了自己的双眼，失掉了中国人的自信！

民族自信国为根，"唯我独劣"几时休？ 本是腾龙，就要雄跃东方，不管冷嘲热讽，不看世态炎凉。 扯下"东亚病夫"的帽子，我们是强大的中国人；撕掉"酱缸文化"的标签，我们是历史文明的传承者。 文化乃国之根本，无根之人，似柳絮，若浮萍。 打破酱缸，中国人不再丑陋！

自由的代价

——读《历史深处的忧虑》有感

文/余萍

　　林达的书向来声名在外，人们的评价也大多赞扬其文字犀利明快。 因此拿到《历史深处的忧虑》一书时，我是怀着朝圣者般的心境，准备窥探作者犀利的见解的。 连续几夜的睡前试读后我才体会到，这本书的确令人手不能释卷，心不能释怀。 不同的读者也许会读到不同的作者，在我看来，林达的文字几乎是温暖的。 或许是因为有关民主、自由类文章的固有印象，一看到类似的书，我总会联想到尖锐而深刻的主题和乌托邦似的叙述方式。 但作者的"忧虑"完全是另一种叙述方式。 作者亲身的经历、身边不胜枚举的事例，巧加组合就能上升到以小见大的高度。 读这本书，就像是去大洋彼岸的一场探亲，早已在此生根的长辈为你讲解他所听见、所看见的这个国度一样。 但就在这样如白描的水墨画般的文字里，一个既是天堂又是地狱的国度立体地呈现在我眼前。

　　如果要说读过这本书之后对美国有什么具体的印象，那就是书中提过的一个比喻。 人们都说美国是一个"文化的大熔炉"，其实它更像是一个"蔬菜色拉机"，即使在里面搅拌了几个来回，白菜还是白菜，萝卜还是萝卜。 每年都有成千上万的新移民来到这片土地，不消几代人又全都自称

"美国人"。因为除了他们,再也没有"纯粹"的美国人了。数百种语言、数百个民族生活在这片土地上,共同组成了形形色色的"美国人",唯一的差别是来到这片土地的时间先后不同。就像作者偶遇的互相之间只说最古老的意第绪语的犹太人的修车厂,主动筹钱为新移民租赁商铺的朝鲜蔬菜水果店,对不会说粤语的消费者爱搭不理的华人超市……无数来自世界各地的人组成一个个小圈子,围在一起抱团取暖,互相既不认同,也不干涉。不同的族裔之间的歧视都可能根深蒂固,而且变得越来越复杂。而多元化带来的文化的贡献和社会的危害也几乎同时存在。黑人对于摇滚音乐、体育的贡献和长久以来的犯罪问题同时展现在这个国度,中国的餐馆和亚裔的黑帮也如此简单地并在了一起。可这正是美国的魅力,也正是美国诸多问题的症结。

相信大多数局外人对美国的印象都会是"自由的国度",就像绝对的私人领地和长期困扰当局却无可奈何的公民持有武器的权利。可自己却几乎从未认真思考过这样的自由从哪里来,又如何一直驻足。正如上文提到的,纷繁或者说多元,也许是这个国家最原始的特征之一。但如此复杂的社会之所以能相对安稳地运行和发展,一定依赖着某种力量。林达给出的答案是近乎苛刻的法律。

从联邦到州,再到市,几乎每个地方都拥有自己的法律,而法律的触角几乎延伸到了整个社会人与人能够产生联系的领域,却又恰到好处地停在私人和公共的交界处。以前也曾听说,在美国,执法时的警察拥有绝对的权威,也正是这种权威保证了这个巨大的"蔬菜色拉机"能够很快地把无数世界各地的人变成美国人。这好像和大多数人的印象相背离了,这样的管制难道也能称作自由吗?稍加思考不难理解,这正是自由的保证。书中的美国人对于私人空间的意识常常是国人难以理解的,即使是非常拥堵的排队,彼此通常相隔都在一米以上。在美国,陌生人之间对于身体的接触也十分抗拒,仿佛身体周围的领域是上天赋予自己的,离开了便无法

224

呼吸。 这是数百年来的历史种下的果实。 美国人深知在自己空间内，在不侵犯他人和社会的前提下那种近乎绝对的自由。 法律的触角也清楚地知道自己的界限，私人一旦越过了"公共"这条线，很多自由都将是非法的。 绝对的自由对应的也是绝对的法制，一旦在公开的场合影响了别人，任何人都可能即刻报警。

但什么是这种自由的代价呢？ 一个介绍美国的视频给出了答案——"自我依赖"。 在自己的空间里，你既是绝对自由的，也就只能依赖自我。 从移民者起早贪黑地求生，年轻人刷盘子谋求独立，在美国人眼里，独立似乎是天经地义的事。 曾经旅居美国的英语老师讲过，在这个国家搬家绝对是一项大工程，因为所有的货车公司都不会帮你从楼上运到楼下，更有甚者连司机都不提供，你只能得到一辆运载车一天的使用权。 劳务是一件奢侈品，因为每个人的自由都弥足珍贵。 工作是一件神圣的事，他们不允许雇主哪怕一丁点儿的歧视或者骚扰。 很多时候，当你需要帮助时，你只有在自己的空间内解决自己的困难。 因此，当我可爱的老师回到祖国，发现快递小哥把家具送到门口后还帮忙安装时，不由得感叹一声：生活多么美好！ 身边有的同学很喜欢美国的个人英雄主义题材的影视作品，对比国内的"团结就是力量"，这恐怕是骨子里的文化的体现。

在这样的对比之下，难道国人是不自由的吗？ 我深信这是最根本的文化的误解，也或许是永远无法解决的隔阂。

我想从"中庸"这个词谈起。 在国人看来，这个曾是褒义又变成贬义的词其实代表了中国根深蒂固的文化。 抛却两个极端，选取最平稳的方式。 它有时候体现为不偏不倚的君子之风，有时候体现为盲目从众的跟风心态，有时候又体现为圆滑的处事方式。 很多时候外国人无法理解什么叫作"打擦边球"，取而代之的是很多的绝对。 所以，很多事在国人看来都是小事，在书中的美国人却常常"小题大做"，这是因为很多国人认为可以"通融"的细节在美国已经侵犯了某人的自由。 诸如此类的差异遍布这

225

两条完全不同的文化河流。

　　就像权利和义务的对等，越大的自由也对应着越大的自我依赖。盲目羡慕别人时，不妨停下来想想，自己是否真的能够忍受这种自由带来的独立。自由的代价当然不止如此，只是笔者文辞有限，姑且谈到这里。

《海权论》随笔

文/莽杨志

　　"海权"（Sea Power）这一术语由海军史学家、战略家、政论家和世界公认的"海权福音的布道者"阿尔弗雷德·塞耶·马汉提出。作为这个术语的发明者，他对于传播这个概念不遗余力，而且获得了空前的成功。但是令人有些许遗憾，马汉并没有为广泛出现在其论著中的"海权"一词进行稍具严密性的定义。在其论著中，他往往都是通过历史案例对这一概念加以说明。"海权"这个词汇被他赋予了两种主要的含义：其一表示通过海军的优势控制重要的海上战略据点以控制航线；其二则应为拓展海上商贸、攫取海外领地、获得外国市场特权而造就国家富裕和强盛的合力，简单地表达为"扩大生产、海运和殖民地"。

　　可见马汉所指的海权带有军事和经济双重意义，而事实上，在近代，一个国家若要通过海上通道维护与他国的贸易，也必须有维护这个海上通道自由使用的能力，而这个能力，不仅仅是军事力量，还离不开国际政治范畴内的外交和经济协作能力，乃至可以使用的一切力量。从这个意义上看，"海权"又是一个非常广义的术语。现在我们给予海权这个名词稍加严密的定义，即海权是"国家主权"概念的自然延伸，是军事、政治、经济、文化的复合体，以海洋为权力媒介，以服务国家利益为目的。单说海

227

权是什么显得有些空洞，我们把思维转向海权的地理实体海洋也许会直观许多。 纵使陆地是人类文明运动的主要载体，但细心观察你就会发现，人类文明发展的精华集中在沿海地区，而贸易维持着这些庞大文明实体的运转。 贸易是物流、资金流的结合体，提供这种流动的介质有陆地、海洋与天空。 其中海洋可以说是两者优点的结合体，有天空的流体性，流体意味着阻隔小，也有陆地的廉价性。 自然海洋就成了人类贸易活动的主要媒介。

《海权论》共六章，内容包括为：引论、海权之要素、1778 年海战分析、欧洲的冲突、亚洲的问题、美国的利益。 诚然每一章的侧重点不同，但是互有交叉。 为接下来的叙述之便，我就简述书中要点。 海权的历史是对国家之间的竞争和相互间的敌意，以及那种频繁地在战争过程中达到顶峰的暴力的一种叙述。 研究已经消逝的军事历史，对于纠正战争中的指导思想，帮助建立灵活多变的战略技巧是非常重要的。 虽说很多战争的具体情况是根据科技进步和时代变化而变化的，但是有些教义是永恒的，能够放之四海而皆准。 科技进步带来战争技术层面的进步，由此带来了战术的改变，但是在战略层面的东西是不变的。 从社会和政治观点来看，海洋最引人注目的地方是它四通八达的海上航线，由此带来的资金流与物流流动为国家带来财富。 影响国家海上力量的主要因素有：地理位置、形态构成、领土范围、人口数量、国民特征、政府特征。 海上力量（发展趋势）总是跟这个国家在商业上和工业上占有的优势地位相一致。 在海上交通线上，海军的战略据点具有重要意义，而地理位置、军事力量、资源状况共同决定一个海军据点的重要性。 海军的作用在于威慑而不是引发争端。

我们所处的时代与马汉相比已发生了翻天覆地的变化，其在 1 个世纪以前提出的海权概念，也逐渐让位于功能更复杂和更国际化的当代海权观念。 当代海权观念的核心特点，就是海上力量已无力追求单极的全球霸权与秩序。 即使对于拥有绝对海军优势的国家，在国际政策中，单纯利用海权优势也不可能达成自身的利益。纵使"萧瑟秋风今又是，换了人间"，海权的本质（目的）没有变，国家利益至上的真理也没有变。在可预见的未来，海洋权益的争夺依旧是各国的矛盾根源。也许随着科技的飞速发展，海洋的重要性会相对没落，乃至无关紧要。但是 21 世纪依然是海洋的世纪，谁控制了海洋（维护国家贸易安全的能力），谁就会取得巨大的经济利益。新航路开辟以来世界大国的兴衰史就是一部海权的兴衰史，西班牙、葡萄牙、荷兰、英国、德国、日本、美国，无不是一个个鲜活的例子。美国至今仍是世界第一海权大国，撇开其霸权主义，其海军为美国的全球利益提供保护，是其经济霸权的坚实后盾。

改革开放以来我国社会经济建设取得举世瞩目的成就，国家经济已深刻融入全球化之中。我国是世界第二大经济体，是世界贸易第一大国，是世界政治大国，是最大的发展中国家。目前我国正处于发展的关键时期，背负着中华民族伟大复兴的历史重任，需要一个稳定的内部和外部环境予以保障。经济稳定繁荣是国家内部稳定的基石，而内部的稳定依赖于外部环境的安定。商业国家的利益保障在于和平，这已不是新鲜的话题，要营造和平的外部环境就必须拥有一支与之相匹配的海上力量。马汉主张，海洋是一条人类共同使用的通衢，而海军的任务则是为了保护利用这条通衢来开展海上贸易的商船的安全，故此，海军的存在是依赖于海上贸易的存在的，也将随着海上贸易的消失而消失。也就是说，海洋国家经济的繁荣是由生产和贸易带来的，而这个贸易，则是通过以海军为主体的海权得以确保的。对于世界，我国是世界经济的发动机，尤其当前国际经济复苏乏力，愈加凸显出我国的重要性。同时，作为全球治理体系的重要参与者，我国承担着相应的责任。不管是对我们自己还是对世界，我们都需要一个繁荣、富强、稳定的中国。世界贸易额中80%以上是通过海洋为媒介进行的，其中蕴含的经济价值不言自明。在我国的对外贸易中，80%~90%是通过海洋进行的。仅从这一点上看海权对我国的重要性就已经很明显了，海洋是我国的生命线。 海权得到控制的前提是拥有一支强大的海军，海军是海权的重要组成部分。 为维护我国的战略利益，中国海军肩负着国家的希望，远航亚丁湾和索马里海域，为我国商船和联合国执行人道主义救援的船只保驾护航。 这既是中国作为一个负责任的大国应尽的义务，同时也是中国海军维护国家和人民的根本利益所在。 除维护国家海外利益之外，我国海洋方面的国防安全不容乐观，南海问题、钓鱼岛问题、朝鲜半岛问题以及美国及其盟友对我国的海上围堵等，严重影响了我国的领土完整和国家安全。 战争离我们并不遥远，战争的来临可能让你猝不及防。

众所周知，我国是陆权大国，与之相较海军建设就显得有些滞后，这与我国的国家利益需求不对称。 我国奉行防御性的国防政策，所以当初给海军的定位是近海防御为主的作战模式，其实当初这种决定也实属无奈。如今给中国海军的这种定位已经过时，或者早已过时。 我并不是说我国的防御性国防政策不合时宜，而是时过境迁，国家利益已遍布全球，海军应该紧随其后，为其提供支持。 中国海军不应只是在家门口防御的海军，我们应该走向远洋，走向深蓝。 近十年来我国海军建设取得了长足的进展，但是我们应该看到我们与海军强国的差距依然很大。 冰冻三尺，非一日之寒，短短十年的海军建设怎能弥补几十年的欠缺。 国家的海军建设应该稳步推进，看好家门口的同时，向远洋推进。

依据书中影响一个国家海上力量的六个主要因素，我们可以简单分析一下我国的海上潜力。 这六点要素中，前三个地理位置、形态构成、领土范围是不以人的意志为转移的地理因素，后三个人口数量、国民特征、政府特征是人自身因素，我们不予讨论。 从地理位置上看，一个国家的地理位置优越与否，会直接提升或者削弱这个国家的海上力量。 我国处在亚欧大陆东亚核心区，西部领土直插中亚腹地，东部濒临西太平洋。 亚欧大陆东部与西太平洋结合部是世界经济的核心区之一。 但是我国领海被周边的群岛链所包围，我国海军出领海活动必须经过一些海峡，南下进入印度洋需要经过马六甲海峡。如果在战时敌人可能封锁海峡，给我国经济制造困难。从形态构成（形态构成主要是指海岸线以及港口特点）上看，一个临海国家的海岸线是陆地的尽头，但是这绝对不是一个国家利益的尽头。这道海岸线越是能够提供通向更远处的通道，这个国家的民众就越愿意通过它与世界进行交流。我国拥有从渤海一直到北部湾的漫长海岸线，海岸线上拥有众多优良港口，这点从世界前十大港中我国占了七个即可得到证明。同时我国海岸线上还有世界性大河入海口，方便了国际贸易的同时，贸易也可以向内地辐射。从领土范围看，我国幅员辽阔，拥有相对丰富的自然资源，同时我国又是陆权强国，足以给海军支撑。广阔的领土范围除了能为海军发展提供强大的物质支持外，如果在战时遭到封锁，国家内部也不会因资源的缺乏而崩溃。这方面有非常典型的反面例子，1652—1654年，荷兰同英国进行了长达 18 个月的战争，荷兰海上贸易一度陷入瘫痪，用来维持国民生计的收入，比如渔业和商业已经到了崩溃的边缘，工厂停业，生产终止，国家经济陷入瘫痪的境地。最后不得已，荷兰只有同英国签了一项极其不公平的条约才挽救了国家危亡。这个结局告诉我们，完全依靠国外资源在世界上立足是非常危险的。

新时代海权发展已经朝着争取共赢的局面进行，为了适应世界多极化、经济全球化、合作与竞争并存的新形势，增加与沿线国家的利益汇合点，与相关国家共同打造政治互信、经济融合、文化包容、互联互通的利益共同体和命运共同体，实现地区各国的共同发展、共同繁荣，我国政府提出了建设 21 世纪海上丝绸之路的倡议。21 世纪海上丝绸之路的重点建设方向将从中国沿海港口向南，过南海，经马六甲、龙目和巽他等海峡，沿印度洋北部，至波斯湾、红海、亚丁湾等海域，即以东盟及其成员国为依托，辐射带动周边及南亚地区，并延伸至中东、东非和欧洲。这旨在加强中国与沿线国家的经济合作基础，形成面向海洋、联通亚欧大陆的全方位对外开放新格局，同时也有利于中国－东盟自由贸易区建设的升级和区域全面经济伙伴关系的建设，造福中国与东盟及其他沿线国家。 中国提出建设 21 世纪海上丝绸之路，是希望发掘古代海上丝绸之路特有的价值和理念，并为其注入新的时代内涵，积极主动地发展与沿线国家的经济伙伴关系。

事实上，不管当年的海上丝绸之路规模有多么壮观，即便是中国所主导的宋代，海上贸易也没有得到国家海上力量的支撑，并没有进入通过海上贸易，发展海上力量，从而赢得海上优势，并进一步拓展海上贸易的海权良性循环之中。 海权这个曾经在 1 个多世纪以前对整个世界格局产生了重大影响的词汇，再度回荡在 21 世纪华夏大地上。 当然，对于中国这样一个具有深厚农业文化特征的国度，在这一历史机遇面前，中国将如何走向海洋，又将成为当代中国人最具有挑战性的一个课题。

有人说，21 世纪是太平洋的世纪，是亚洲的世纪，我们更有理由相信 21 世纪是中国人的世纪。 随着建设 21 世纪海上丝绸之路倡议的提出，我们愈加需要强大的海上力量来维护以及跟进。 今天我们比近代以来的任何时期都更接近中华民族的伟大复兴，然而 21 世纪中国人背负着太多历史包袱，如同书中那句中华民族应有深刻体会的话：争执的解决不能依靠国际法的规定或者基于公理的裁决，尤其是弱势的一方代表正义的时候。

从味蕾诱惑看文化自信

——读《舌尖上的中国》有感

文/王书君

2014 年《舌尖上的中国》在央视播出,一时大火。它贴近观众艺术审美追求的方向,以一种全新的方式传播了中国传统文化,将传统饮食与文化相结合,带给观众视觉诱惑的同时,也带来了灵魂上的冲击。我最开始时是陶醉于食物的诱人,接着看下来是沉思于人与人之间的质朴情感,最后则感叹于中华五千年的饮食文化与生活智慧。纪录片一共两季 14 集看下来,既酣畅淋漓又内心温软。

数年之后,有幸找到了纸质版的书,我再次翻开,时岁不同,感慨依旧。

读时正值中国共产党成立 95 周年。习总书记在回顾历史进程时提出要坚持中国特色社会主义道路自信、理论自信、制度自信、文化自信。而何谓文化自信?我们如何才能够文化自信?为什么在这部纪录片中,简单廉价的美食会勾起观众那么多的情怀与对文化的呼唤?为什么有些人对文化的感知愈来愈平淡?面对这些问题,我在这本原本只是记录美食与人文风情的书中找到了一些自己的答案。

文化认同是一次原始感情的破壳

"民以食为天。"味蕾上的记忆最是顽固，人们无论走到哪里都有一个"故乡的胃"。 人类学家美籍华人张光直曾说："就华人而言，或许与任何其他族群相比，食物是一个更重要的族群特征，这是华人族群特性的基本事实。"

味觉记忆作为一种独特的记忆，如同精神纪念馆一样，收藏的不仅是本能的饱腹感与满足，更是一种对食物背后的情感的执念与珍惜。 无论是饕餮食客，还是平凡百姓，有时候享受美食，真正享受的是食物背后的那份真挚与平等。

在这本书里，捕鱼夫妇相依的背影，女孩捧着桂花糕时脸上明亮的微笑，昏黄灯光下独自进餐的馄饨店老板，依靠在墙边怅然望雨的远游子，能在一个瞬间打动人的，不是美食，而是平凡难忘的生活剪影，是最原始的感情：爱、责任、勇气、承担、奉献、牺牲等。 真正的美好与舌尖无关，它关乎朴实的心灵。

于是感动的那个瞬间，我们觉得美食文化无比精妙，古人无比智慧，我们达到了最大的文化认同感。 正如：对于每个离开家乡的中国人而言，食物成了爱国的最后阵地。 他们可以强迫自己忘记环境，忘记周围的人，忘记曾经经历的一切，但是舌头和胃却出卖了他们的心。 在尝到故乡味道的那一刻，藏在食物背后的那些被尘封在岁月中的美好记忆和浓郁乡情涌上心头，无数游子潸然泪下。 这便是一种由味觉记忆维系的民族、文化认同。

所以，文化在其中起的作用，像是一个"敲碎蛋壳"的过程，把坚硬的蛋壳打碎，留下内里柔软的情感，然后给你看，这就是你我共同的情感，我们是一类人！ 这种情感是我们流转了上千年的文化带来的！

从习以为常走向仪式感

我小的时候，曾经见过手工爆米花的过程，不同于现在电影院里香气浓郁的奶香和爆米花机里鹅黄色的灯光，在我的记忆里，手工爆米花大抵是这种朴实的模样：黑色的像葫芦一样的某种炉子，像一管炮筒，被走街串巷的老师傅扛着，放在街角，后面连着长长的布口袋。老师傅装好手摇的风箱，抓一把生玉米粒铺在簸箕里，颠动两下，杂物和灰尘都被扬了出去。接着，他把金灿灿的玉米倒进炉子里。伴随着"呼哧呼哧"的鼓风声，直到"嘭"的一声……一袋子爆米花就这样成了。小时候我玩累了的时候，会搬来板凳坐在老师傅旁边看一下午，后来上学了，奔走在学校和家之间，再也没有注意过街边的老师傅。穿着一件灰夹袄，戴着一顶黑毡帽，坐在小木墩上摇动着乌黑的爆米花机是我童年里大冬天除了下雪之外最大的欣喜，也是我对爆米花这一零食最早的记忆。

直到很多年之后，我终于又一次见到这种手艺，就在《舌尖上的中国》。在镜头下，它仿佛换了一副面孔，不再是记忆里土旧的模样，而是显得古老、有趣、神奇，成了一种美食文化的载体和印记，甚至丝毫不逊色于日本寿司的精工细作。

但是我敢肯定，若没有这部纪录片提供的新视角，在我心里，日本寿司和街边爆米花是无法相提并论的。日本寿司饱含着日本厨师的匠人精神和对食物一丝不苟的执着，而街边爆米花，仿佛并没有什么深切的寓意。

很多时候，我们对文化的挖掘和感受就是这样错过的吧。课本上标注着必背的古文诗词，在课外补习班列表里混得风生水起的各种民族乐器，暑期霸屏的古装正剧……明明是这样典型的文化载体，却因为太过典型而变得平常，又因为平常，我们对其视而不见。我们绞尽脑汁地想象着长袖薄衫、古风盎然的"古典文化"，却忘记了身边的一些东西，才是最鲜活的文化精气。 这样舍近求远的文化态度，让我们一边烦恼现实中没有文化载体，又一边对现实生活中的文化符号视而不见。

有学者提及：中国人对司法程序缺少一种仪式感。 其实何止司法程序，中国人对自己的文化有时也缺乏一种仪式感。 仪式感是横跨现实与精神的天桥，举手投足、目光流转间，是仪式感让原本虚无缥缈的精神价值得以固化，成为我们自我认同所扎根、所攀附的基石所在。 但如今的社会似乎变得太快，快到来不及留一秒的余裕给自己的内心，去默默凝望那仪式之美。 就像爆米花，我在潜意识中早已把它当成零食，而不是将它看作一种庄重而正式的文化传承物去敬仰。

习以为常、见怪不怪，这大概是最残忍的两个成语，可用来形容当下社会又是如此贴切。 我们是看不到美，只看到用途和功能的一群人。 食物就只是味觉，乐器就只是声音，诗词就只是言语，我们将它们当作谋生的手段，提高自己身价和品位的途径，以及闲来无聊、打发时间的方式，很少有人会去追究其中的寓意。 我们忽视了这些要素背后蕴含的传统文化。

与此同时，我们又是如此狂热地向往着我们所不了解的陌生事物，谈起日本寿司，那就是匠人精神与精益求精的标志；说到法国皮革，那就象征着一份家族事业的传承和坚韧执着的工匠精神；提及瑞士手表，那也一定代表着每道工序都凝神聚力与追求极致的职业品质。 这些事物因为陌生而显得新颖和高档。 这大概就是重形不重意的问题吧！

而我们想追求的，就是一种从习以为常到具有仪式感的过程，把日常从世俗化的生活中剥离出来，重形且重意，重归途也重来处。

展示传统文化美的有效途径

我国的纪录片一直被认为是高品位的电视节目，被认为是"一群精英制作出来给另一群精英看"的电视节目，因此受众一般较少，影响力往往有限。 而《舌尖上的中国》则引导了一种媒体传播的模式。 不同于传统纪录片的"高冷气质"，它与人们的日常生活息息相关，更容易勾起观众心底的温柔，更容易引起受众的共鸣与认同。 而这才是传播文化的有效途径。

因此，我认为我们一直以来都缺乏一种展示传统文化美的有效途径，缺乏对文化符号背后象征意义的挖掘。 这不是在语文课本上多加几篇古诗那么简单，而要从当代人的日常生活中去挖掘这种文化传承的影子，或者把看似很遥远的文化形式送到你面前，指着给你看：你瞧，这就是你心中认为的文化精神，它离你这么近。 你一直被文化所孕育着。 它包罗万象，你想要的它都有。 它早已融入你的血脉和脊髓，只是你不自知罢了。

党的十八大以来，习近平总书记在多个场合谈到中国传统文化，表达了自己对传统文化、传统思想价值体系的认同与尊崇。 而结合现下整个社会的浮躁风气，一些媒体人开始主动寻找契合点，传播文化符号背后的意义。

《舌尖上的中国》《我在故宫修文物》等一系列出彩的纪录片，仿佛拉开了一个巨大的帷幕的一角。 我才发现，当我们用敬畏、严肃的态度去对待事物，把所有的日常世俗生活仪式化之后，原来看似简单的食物也可以是一个民族的文化传统、伦理道德、审美情趣的最生动的体现，原来柴米油盐、酸甜苦辣背后也烙印着生活智慧，渔民、麦客、蜂农这样普通的从业者也有对生活的炽烈的热爱和追求。 我才发现，修文物这项枯燥的工作也可以变得有趣与迷人。 记忆中庄严肃穆的故宫里，有这样一群手艺人，他们朝九晚五，有时加班，养一只野猫，他们和我们一样都是平凡的工作者，但是在瞬息万变的社会里把生活过成了一种享受。 我才发现，原来传统文化中那种"非宁静无以致远"的心境离我这么近，这么真实。 我才发现，原来中国也有匠人精神，也有对职业的热爱和笃定。

　　所以说到底，究竟什么是文化自信？

　　我想，文化自信是要我们有一双眼睛，这眼中要有审慎而包容的目光，追溯着千年历史的脉络，像大浪淘沙一样，挑撷那些原本熠熠发光的古物，拂去它们身上的尘土，重新审视它们所蕴含的中国价值与中国精神，重新审视它历经千年的历史与你自己产生的共鸣。 而那一刻的共鸣所产生的文化认同，才是让我们产生文化自信、文化骄傲的意义。

未来在我们手中

——读《未来简史》有感

文/郑力源

写在前面

　　"这个世界的变化速度比以往更快,而我们又已被海量的数据、想法、承诺和威胁淹没。 人类正在逐渐将手中的权力移交给自由市场、群众智能和外部算法,部分原因就是在于人类无法处理大量的数据。 过去阻挡思想言论的做法,是阻挡信息流通。 但到了 21 世纪,想阻挡思想言论,反而靠的是用不相关的信息把人淹没。 我们已经不知道该注意什么,常常浪费时间辩论无关紧要的议题。 在古代,力量来自有权获得资料。 而到今天,力量却来自该忽略什么。 所以,面对这个混沌世界的一切,我们究竟该注意什么? "

　　这是书中让我感触最深的一段话。 跟随作者的逻辑,我们从动物进化而来,如今又统治着、圈养着动物,并且运用自己的智慧和思考研发出更高效的算法帮助我们朝着一个新的高度前进。 如今的机器学习、人工智能正逐步替代我们,帮我们创造世界,统治世界,那未来的世界究竟属于我们，还是属于这些由算法创造出来的"智神"？ 这样快速进步并且会自我学习、提高的"智神"会不会如同我们圈养动物一样圈养着我们?

2015 年 8 月 31 日，国务院下发了《国务院关于印发促进大数据发展行动纲要的通知》，首次把"大数据"产业上升到"国家基础性战略资源"；2017 年 7 月 8 日，国务院印发《新一代人工智能发展规划》，提出了面向 2030 年我国新一代人工智能发展的指导思想、战略目标、重点任务和保障措施，部署构筑我国人工智能发展的先发优势，加快建设创新型国家和世界科技强国。 我国正大举向大数据时代，向人工智能时代迈进。

作为新时代的新青年，我们将在这场科技变革中扮演怎样的角色？ 我的想法是，坚定信念，脚踏实地，做一个有理想、有本领、有担当的时代青年。 这样，未来才会在我们手中。

回首过去与预见未来

再次从作者的逻辑出发，人类在历史中学习，在实践中习得能力。

大约 250 万年前，类人生物出现。 区别于普通动物，他们逐步产生了对世界不同的认知并如作者所说有了"虚构"的能力，这些思想上的进步也伴随着类人生物到"智人"的发展，也伴随着直立行走、使用工具、形成语言文化等一系列的突破，而这样的能力让远古人有了进一步思考的基础。 如此往复，人类的前进历程就是学习应用的过程，现在的突破就是以后发展的基础，而将这样的想法运用到科技，就形成了如时间序列的加法模型和季节模型叠加的人工智能算法。 也就是说，人类是怎么进化而来的，怎么学习进步的，未来的机器也将这样进步下去。

经历了认知革命，有了区别于动物的思想，"智人"来到了农业社会。他们在播种和驯化动物为自己所用的过程中，产生了"家"的概念，而又因为"家"的存在进一步推动了技术的发展；在圈养动物的时候产生了"领地"的概念，在领地识别的过程中产生了民族、城市、王国。 在语言文化不断提高的过程中，"智人"开始学会了交流，并且时至今日，交流依然是人的一项必要的技能。 一方面是物质与技术水平的提高，另一方面是人文意识的提升。 如此看来，现今将人文与科技交融结合的思想就起源于对人类进化历程的不断反思。

纵观当今前沿科技的发展，无论是生物工程，半机械人工程还是非有机生物工程，人类的科技进步依旧主要是为实现战胜疾病并获取永久幸福的梦想。 也就是说科技的进步是为人服务的。 正如《新一代人工智能发展规划》提到的，人工智能的一个重点任务就是建设安全、便捷的智能社会，发展高效、智能服务，提高社会治理智能化水平，利用人工智能提升公共安全保障能力，促进社会交往的共享互信。 这样发展下去的结果是，少部分人研发着高精尖的科技为大部分人提供服务，然而这大部分人就会越来越懒。

回想人类是如何对待其他动物的。 基督教的有神论承诺"智人"占据主导地位，可以剥削一切生物；现代人文主义奠基于"智人"拥有某些独特而神圣的人性，然而动物并没有，自然动物也就不重要了。 那当"智神"机器出现的时候，它们会不会像人类对待动物一样对待人类？ 这就是反思历史得到的未来吗？

也许我们不该学习历史吧。

如果不学习历史，我们将按照历史轨迹继续自然演化；如果充分研究历史，尤其是如今利用数据手段分析历史事件，以史为鉴，我们总想并且也有能力朝着我们期待的方向前进。 可这就偏离了历史该有的演化轨迹。但这样的偏离谁说不是历史的常态呢？

也就是说，如果我们不让"智神"机器知道当时我们是怎么对待动物的似乎并不能阻止"智神"机器圈养我们。 在成神路上，没有刹车。

算法演化与优胜劣汰

如果"智神"的出现已然无法阻止，那我们如何才能避免曾经发生在动物身上的悲剧重演呢？ 首先要弄清楚我们与动物的区别。 这个区别是相对的，具体来说，应该是我们与"智神"机器之间和动物与我们之间的区别。 用数学语言或者说是机器语言解释就是，如果把动物、"智人"、"智神"之间的差距看作一阶差分，那我们这里讨论的就是二阶差分，比较的比较。 下面，我将这分成两种威胁。

随着大数据时代的来临，我们在面对越来越多数据的同时也就需要有不断强化的数据处理能力。 数据处理能力是一种习得能力，也可以说我们所有的能力都是数据处理能力的一个分支。 不论我们学习的是什么，首先我们需要建构学习的大致内容，然后我们需要使用相应的学习方法，接下来我们需要在不断的练习、不断的反思中加深对知识的掌握并且循序渐进，这样就构成了一个完整的学习系统，也就是家长和老师口中的学习方法。 将这个学习过程的逻辑表示成算法就是先设立模型，然后估计参数，接下来经过漫长的检验和调试得到最后的模型。 我们将我们的思考过程教给计算机，而计算机通过更强大的数据处理能力将习得的能力运用到问题的解决上就形成了人工智能。 再回想我们构建的这个学习过程，其实它也是一种学习，也是经过一个更高层面的学习而得到的东西，就好像最高级领导提出了一个思想精神，第二级领导学习之后提出了一系列计划和想法，第三级领导就提出了一些具体措施，这样层层递推，环环相扣构成了一个生态。 那么，我们教给计算机很多种底层算法，它们在学习的过程中会不会反思到上一层的高级算法，从而再返回来衍生出更多样的底层算法？

理论上，拥有了无限多的数据和高级的数据处理方法，计算机是可以达到这一步的，就好像将一个不怎么会英语的中国人丢到美国待无限长的时间，那他慢慢地也能够熟练掌握英语，甚至会创造具有中国特色的英语。 在这样的数据主义下，机器的自我学习超越能力对于人类的威胁，就如同我们对于动物的威胁一样。

与此同时，相比于这种威胁，我们对于动物还有一种威胁。 动物与人的差距在于人的思想更庞大，用作者的话说这是一种叫作"虚构"的能力。 这种能力带给我们生活的变化是质的变化，从"家"与"领土"概念的构建，到语言文化的形成，再到如今现实生活中一些新理念，如公司、合同，再到人类具有的情感，如自尊、嫉妒。 这样的差距在我们的理解中是无法被替代的。 我们向往自由，因为我们有自由的意志；我们崇尚个人主义，因为我们生而为人，认为自己都是不可分割的；我们是有灵魂和心灵的。

"智神"机器可以找到很多种提高数据处理能力的方式，书中提到了"增加处理器数量""增加处理器种类""增加处理器之间的连接""增加现有连接的流通自由度"等。 这些都是从人类现有提高社会效率的方式中学习得到并能进行极大优化的。 然而第二种人对于动物的威胁是无法被学习的，就好像 AlphaGo 能够战胜一百个柯洁，但它没法自己主动向柯洁发起挑战，它也并不会认为自己更新了算法是对自己的分割重组，至少不会像人那样因为换了一个肾而感觉到痛。

那么正如算法会被淘汰和取缔，人也应该存在这样的淘汰，这也就产生了作者笔下的"无用阶层"。 大脑比不过机器的处理能力，又不能很好地运用自己独有的情感、灵魂，也不认为自己的存在是很有必要的人，苟活着，一定会被淘汰，被主动追求上进的"智人"淘汰，被自动学习上进的"智神"机器淘汰。 对于这类人来讲，就不存在第一类威胁和第二类威胁，而仅会面对最大的威胁——因无用而被淘汰。

未来在我们手中

"无用阶层"会被淘汰,然而不幸的是,未来会出现的这一阶层会对我们这一代产生极大的影响。 人工智能的出现如今已经造成了一部分失业,在未来这种情况还将持续下去。

将未来把握在我们手中,需要立足根本,寻找自己存在的意义。 也许高智能的算法会在以后比我们更了解我们,但算法是无意识的,是没有灵魂的,我们要做的不是等待算法帮我们找出意义,而是自发地从心里找到意义。 如何才能找到自己存在的意义,过上自己的生活?

新华社有这样一段评论:当然,还有一种人是不受算法控制的人,他们就是控制算法的精英。 算法不能理解这些精英,也不知道他们有什么需求,这些人才是世界的主人,站在算法系统背后,做最重要决策的人。 的确,我们没法阻止科技的不断进步,没法阻止"智神"的出现,但我们可以从普通的"智人"变为"神人",变为掌控了算法,并通过生物技术战胜了死亡、获得幸福快乐的"神人"。 这些"神人"才是未来世界的主宰者,是人类进化而成的新物种。

"无用阶层"将被淘汰,对我们这一代是一件不幸的事,但也是一件幸运的事,因为我们有了成为"神人"的机会和可能。 100多年前,一本创刊不久的杂志下了决心搬到北京,将文言文改成白话文,采用了新式标点,自此改变了一个时代,这个杂志叫《新青年》;30多年前,一个年轻人参加完高考在日记本上写下了这样的句子"我刚好踩在了时代的鼓点上"。 如今我们来到了又一个时代鼓点,进入了大数据时代,人工智能时代。 同时对于中国而言,我们来到了比历史任何时期都更接近、更有信心和能力实现中华民族伟大复兴目标的新时代。

我们青年,中国的青年需要咬紧牙关负重前行,需要握好时代的接力棒。 于个人，不断学习，追求进步，做一个有理想、有本领的青年，做一个对世界有贡献的人，努力成为一个在未来有话语权、决策权的"神人"；于国家，我们要做一个有理想、有担当的青年，肩负着国家的使命，承担着民族的希望，在新的历史时期，面对新的挑战，走向新的高度。

写到这里，我还有一点感受。 我想说现在我写这些是我在尽力去理解作者对未来的逻辑，并尝试着将这些用数学机器语言表达出来，这也是我在不断建构模型举例的原因。 希望有一天这些能被未来的"智神"看到，为未来的文化交流做一点贡献，而我也将朝着"神人"的道路不断前进。

梁家河的大学问

——读《习近平的七年知青岁月》有感

文/刘丽萍

2015 年 2 月 13 日,习近平总书记回到梁家河村,对乡亲们亲切地说,他人生第一步所学到的都是在梁家河,梁家河是个有大学问的地方。人生处处留心皆学问。 在《习近平的七年知青岁月》中,曹谷溪也真挚地说:"陕北七年是习近平一生中最宝贵的财富。"细品本书,我们不仅看到了一个爱学习、有追求、敢吃苦、办实事的知青形象,也发现了这小小梁家河之中隐藏的"大学问"。

在那个物资匮乏的年代,在尘土飞扬的黄土高坡,习近平同志七年如一日,博学睿思,勤勉致知;在条件艰苦的梁家河村,甘愿扎根于黄土,脚踏实地,不忘初心。 就是在这穷乡僻壤里,青年习近平从一件件小事中,在一个个普通人物身上,学到了受益终生的"大学问"。 今天,我们从受访者饱含深情和哲理的话语中,也感受到了习总书记所说的"大学问"。

读书问道之学问——博学睿思，勤勉致知

朱光潜先生在《谈学问》一文中说道，学问是对于任何事理，由不知求知，由不能求能的过程。 一个真正有学问的人应当具备丰富的知识，思维敏捷，通达事理，处变不惊，懂得如何分析问题，解决困难。

习近平总书记十分热爱学习，这是大家有目共睹的。 习近平到梁家河那天，带的行李是装满两大箱子的书籍。 据梁家河的一位村民王宪平回忆，习近平每天下地劳动回来就喜欢看书，到了黑夜他便在煤油灯下看书。 因为离煤油灯太近，油烟经常把他的脸庞和鼻子都熏黑了，但他仍继续看书。 即使在这样艰苦的环境下，习近平依然不知疲倦地看书、思考，每时每刻都不忘汲取知识。 梁家河的一名知青戴明说，习近平在梁家河从来没有放弃读书和思考。 另一名与习近平一同在梁家河村的知青雷平生也说，习近平读书很注重思考，尤其注重分析对比。 习近平会参考很多相关书籍来对书中的观点和史实进行注解，从不同的角度理解和分析问题。他会形成自己的观点和见解，也会跟别人进行讨论。

读书问道，重在博学睿思，勤勉致知。 博学和睿思是分不开的。 赵树理先生对此曾喻读书就像沙里淘金，需要博学，也需要睿思。"致知"当勤勉，当由已知推未知，学而不止，思而不辍。 若以上之事做好，读书的学问便水到渠成。 无论是从北京到梁家河"书满行囊"、深夜点灯"煤油烟熏黑脸"，还是和其他知青"纵谈古今、阔论中西"，抑或是在学习中"注重分析对比"，在生活中"知行合一"，都体现着习近平总书记深刻理解了"为学之要贵在博览、贵在钻研、贵在勤奋、贵在有恒"之学问精髓。

修身立德之学问——自强不息，仁义礼信

　　一个人从博学致知中得到的学问，会有助于养成个人的品格和信仰。修身立德是一个自我修养和磨炼的长期过程，是一门博大精深的学问。 修身立德之学问是精神的食粮，是形成人生观、价值观和世界观的根基，它不仅饱含着为人处世的智慧，还要求个人始终要有一颗坚韧、博爱的心去善待世界。

　　习总书记曾说陕北的黄土高原是他的根，因为在那里他培养出了永恒而坚定的信念：要为人民做好事、做实事！ 当年延川县的知青陶海粟先生也这样评价："为群众做实事是习近平始终不渝的信念。"习近平在梁家河树立了一心向民、为民请命的理想信念，养成了不怕吃苦、无私奉献的精神品质。 青年时期的习近平尽管入党之路困难重重，但他从未放弃追求共产主义理想，也从未辜负人民群众的期望。 习近平在梁家河先后写的入团申请书和入党申请书竟多达十几份。 他和父亲习仲勋优秀的品质和坚定的信念是人民群众看在眼里的。 因此在群众的帮助和爱护下，当时身处梁家河的习近平终于得以入党。

　　乡亲们待习近平如自己的孩子，习近平也把他们当作亲人，对人民群众始终满怀着仁爱之心和关切之情。 当时梁家河有个叫"灵娃"的孩子，智力上有点缺陷，顽皮时一把就把大家的烟抢走了。 其他人都欺负灵娃，而习近平从来都一笑置之，没有对灵娃发过火。 一位年轻的知青有如此宽容之心，该是何等的胸襟。 他对陌生的贫穷老人也可以毫无保留，倾囊相赠。

　　修身立德是一个漫长而艰难的过程，关键是要有安身立命之本——理想信念，还要有为人处世的行为准则——仁义礼信。 据陶海粟先生所述，习近平的理想信念正是源于对中国传统文化中"修身、齐家、治国、平天

下"以及"先天下之忧而忧，后天下之乐而乐"精神的认同。 在七年的知青岁月中，习近平学到了修身立德的大学问，坚定不移地践行着自己的理想信念，为人民群众做真事、做实事，并在困境中实现了精神升华，活出了自己人生的宽度和厚度。

实现理想之学问——扎根基层，为人民服务

对于社会主义优秀青年、优秀共产党人而言，要实现中国人的中国梦，首先应当扎根基层，一心一意为人民服务。 毛主席就曾要求儿子毛岸英、毛岸青多读"无字之书"，多接近人民群众，多到地方参加社会实践，接受人民群众的批评教育，把所学知识用于指导行动。

习近平在梁家河插队期间，和其他知青养成了"志当存高远，但要从小事做起"的信念，一心为当地群众办实事，办好事，改变梁家河贫穷落后的状况。 无论是作为朝气蓬勃的知青，还是作为肩负重任的大队书记，习近平始终把为人民服务、改善人民生活作为自己工作的重心。 梁家河的村民武晖是这样赞扬习近平的："近平既一心为民办事又善于为民办事。"据另一名村民王宪平回忆，习近平成为大队书记后的第一件事就是带领村民们在村里的沟口打了一个淤地坝。 习近平在打坝期间付出了全部的热情和精力，他不仅是大家的主心骨，也是第一线劳动力，始终和村里的百姓一起并肩奋斗。 最终淤地坝修建成功，习近平又为梁家河百姓做了一件好事。

在苍凉浑朴的黄土高原上，在食不果腹的陕北农村，习近平时刻关心着人民群众的冷暖温饱问题，一心为人民群众谋利益，带领大家脱贫致富。 细品《习近平的七年知青岁月》，跃然纸上的，不仅是一位博学好问、矢志不渝的青年形象，更是心怀大爱、为苍生计的民族脊梁。 在七年

知青岁月中，习近平深知实现中华民族伟大理想的学问在于"以人民为本"。在黄土高坡，习近平与人民朝夕共处，同人民群众建立起了深厚的感情，树立了为人民服务的理想。从习近平总书记的一系列讲话以及他的治国举措来看，人民在他心中是最重要的，也是他最关切的。带领人民创造幸福生活也是我党始终不渝的奋斗目标。

梁家河的"大学问"，便是人生的大学问。人生而在世，既要善明读书问道之学问，也要加强自身修养，树立美好品德，还要立足理想，脚踏实地，躬行不殆。习近平总书记曾说，作为青年，要读万卷书，行万里路，既要多读有字之书，也要多读无字之书，还要树立远大的理想和坚定的信念，不忘初心，继续前进。

当今时代，中国梦是我们青年人应该坚守的远大理想，中国特色社会主义是我们青年人应该牢固树立的人生信念。青年要用正确的人生观、世界观和价值观指导自己的人生，自觉养成良好的道德品性。这其中便隐含着巨大的人生学问。作为当代青年，我们当不断地探索求知、从实求知，坚持面向实践、学以致用，追求将家、国、天下自觉统一起来的崇高境界。作为当代青年，让我们在追逐中国梦的道路上砥砺前行，携手共进，以真理之光引领中华民族的伟大复兴征程。